# 说"的"和"的"字结构

完 权 著

学林出版社

**图书在版编目(CIP)数据**

说"的"和"的"字结构／完权著. —上海：
学林出版社，2018.3
(语言学热点问题研究丛书)
ISBN 978 - 7 - 5486 - 1326 - 8

Ⅰ.①说… Ⅱ.①完… Ⅲ.①现代汉语—语法—研究
Ⅳ.①H146

　中国版本图书馆 CIP 数据核字(2017)第 273675 号

**责任编辑**　吴耀根
**封面设计**　严克勤

上海文化发展基金会图书出版专项基金资助

语言学热点问题研究丛书
说"的"和"的"字结构
作者　完　权

出　　版　学林出版社
　　　　　　(200235　上海钦州南路 81 号)
发　　行　上海人民出版社发行中心
　　　　　　(200001　上海福建中路 193 号)
印　　刷　上海展强印刷有限公司
开　　本　787×1092　1/32
印　　张　6.75
字　　数　12 万
版　　次　2018 年 3 月第 1 版
印　　次　2018 年 3 月第 1 次印刷
ISBN 978 - 7 - 5486 - 1326 - 8/H・97
定　　价　32.00 元

# 总　序

沈家煊

　　这一套丛书的缘起，是出于这样的考虑：长期以来，在语言学领域，我们不断学习和借鉴来自国外（主要是西方）的理论和方法，有成效，在某些方面成效还很显著，但是总的来说，还是觉得运用在汉语上不免捉襟见肘、圆凿方枘，至少勉强不自然。启功先生曾有一个比方，说小孩套圈游戏，小圈圈只能套小老鼠，印欧语"葛郎玛"（grammar）是小圈圈，套不了汉语这只大熊猫。这种感觉突出反映在一些有争议的热点问题上。有的曾经是热点，如词类问题、单句复句问题，冷寂了一段时间，但是问题并没有解决，还时时冒出来困扰着我们；有的是国外出了新的理论，用来处理汉语而形成新的争论点，比如句法成分的移位问题，音步和韵律的问题。之所以成为新的争论热点，显然也是因为新搬用的理论用起来不顺畅、不协调的地方很多。有的问题，例如主语和宾语的问题，曾经是热点，后来问题基本解决，取得共识，而新的问题又出来了，如主语和话题继而成为一个不断争论的问题。值得注意的是，主宾语的问题得以基本解决、取得共识，这是摆脱印欧语那种主宾语观念的结果。

国外的理论在不断的翻新，出来一个我们跟进一个，有时候人家已经翻新了，声明放弃原来的理论框架，我们还在吭哧吭哧按照人家那个老框架在思考和行事，有不知所措的感觉。许多人觉得这样下去总不是个事儿，想要改变现状。但也有不少人以重视和彰显语言的"共性"为理由，想维持现状，其实他们所说的"共性"是以人家提出的那一套理论为参照的，却忽略或者无视汉语的个性。共性寓于个性之中，没有语言的个性哪来语言的共性呢？近年来，国际语言学界逐渐形成一个认识，要弄清人类语言的本质，先要充分了解语言的多样性。我的同道朋友朱晓农君说，universals（共性）应该音义兼顾翻译成"有你我式"，你中有我我中有你，不是只有你没有我，对此我十分赞同。据我所知，国外很多学者也不希望我们只是跟着他们走，而是想听到基于本土语言事实提出的新见解，发出的新声音，使他们也能从中得到启发。

一百多年西学东渐，语言学领域学习和借鉴西方的努力一直没有停息，另一方面，摆脱印欧语传统观念的束缚的努力也一直没有停息。我们的前辈早已为我们指明了方向，要进一步摆脱印欧语传统观念的束缚。正如朱德熙先生生前所言，很大一部分的争论问题是由于受这种观念的影响，先入为主，以致看不清汉语语法的本来面目引起的，要是我们能摆脱这种干扰，用朴素的眼光看汉语，有许多争论本来是不会发生的。还说后之视今犹今之视昔，今天可能还在不知不觉中受传统观念的摆布，那就要等后人来纠正了。朱先生给我们留下的学术遗产中，有一个十分重要的观点，汉语的动词做主宾语的时候没有印欧语的那种"名词化"，这是摆脱干扰的一次实践，为我们树立了一个榜样。吕叔湘先生跟朱德熙先生的想法一致，在晚年向我们发出语法研究要"大破特破"的号召，要把"词""动词""形容词""主语""宾语"等名称暂时抛弃，要敢于触动一些原先不敢动他一动的条条框框。

吕先生和朱先生虽然是针对语法研究而言，为我们指出的方向却是适用于整个汉语的研究。汉语的语法是"大语法"，语言的组织运行之法，包括语音、语义和用法在内，过去按"小语法"来理解汉语的语法，这本身就是受印欧语传统观念的影响。

策划这套丛书的出发点就是响应"摆脱干扰、大破特破"的呼吁。近年来这方面的努力比较显著，有了一些新的进展，有必要做个小结，理清思路，明确方向，继续前进。这套丛书因此也可以叫"破立丛书"，每一册就某个具体的热点问题，先对以往的研究加以梳理和评析，指出破除传统观念、摆脱干扰的必要性，然后摆出新的观点并加以论证，目的是让读者明了问题的来龙去脉、症结所在，活泼思想，减少执着。这个设想有幸得到学林出版社的支持，使得想法得以实现。虽说"破字当头，立在其中"，但要真正立起来，不是件轻而易举的事情，还有艰苦的工作要做，目前书中摆出的新观点、新思想还大有充实完善的必要，甚至有修正取代的可能。

策划这套书还有一个出发点是写法，虽然讨论的是复杂的学术问题，但还是要写得浅显一点，通俗一点，尽量少用难懂的名称术语，篇幅简短一些，一个问题一个小册子，不让一般读者觉得深奥繁复，不得要领，望而生畏。当然要做到这一点实属不易，目前的面目还大有改进的余地。

我们希望这套丛书不仅对专门从事语言研究的人，不管是老将还是刚入门的新手，对广大的语言教师，包括外语和母语的教学，都有一定的启发和帮助，而且希望那些对语言问题感兴趣的朋友，那些在语言工程、信息处理、语言心理、语言哲学、社会语言学等领域的人士也能从中获得一些知识，得到一些启示。

**2017 年 12 月 12 日**

# 目　录

# 1 绪 言

古希腊科学家阿基米德说过："给我一个支点，我可以撬起整个地球。"如果汉语语法也可以被撬起来的话，那么，这个支点一定就是——"的"。

"的"是现代汉语中最常用的虚词，无论是从使用频率还是从可以出现的句法环境类型来看，都是当之无愧的虚词之冠。根据《现代汉语常用词词频词典》的统计，"的"的词频高达 6.53%①。而从"的"的分布来看，在词、短语、句子等层面都普遍存在，甚至在话语层面，"的"也发挥其功能。不夸张的②说，讲汉语离不开"的"。

同样，我们还可以毫不夸张的说，讲汉语语法也离不开"的"。毫无疑问，"的"是汉语语法的核心问题

---

① 这还没有算上通常字形写作"地"的状语标记的词频 0.14%。作为对比，"是"为 2.1%，"了"为 1%。

② 本书不区分"的"和"地"，一律写"的"，引文则按原书的写法写。个中学理，将在第 2 章论述，特别是 2.7 节。

之一。从"的"和"的"字结构①入手，往往能触及汉语语法体系的灵魂。甚至可以说，"的"的疑难问题解决了，汉语语法的一大部分就解决了。

　　正因为"的"的研究意义重大，赵元任、吕叔湘、朱德熙等前辈大家都在他们研究生涯的早期就对"的"做出过重要的开创性研究，并且终其一生都在"的"上倾注了大量的心力。赵元任（1926）《北平、苏州、常州语助词的研究》是最早采用现代语言学方法对"的"展开研究的论文。而赵元任（Chao 1968）*A Grammar of Spoken Chinese* 中对"的"的详细描写则至今都是不可忽视的经典。吕叔湘（1943）《论底、地之辨及底字的由来》最早使用区别性、描写性等术语对"的"的功能做出刻画，奠定了日后一系列研究的基础。而在吕先生晚年，关于"的"的思考以短论居多，散见《吕叔湘全集》多处，既有事实的揭示，也有理论的探讨。至于从朱德熙（1961b）《说"的"》直到朱德熙（1993）《从方言和历史看状态形容词的名词化》这篇遗作，围绕"的"的一系列论文更是朱先生毕生语法研究的主干和精华。

---

① 本书和朱德熙先生的《语法讲义》保持一致，仅使用"的"字结构这一术语，不采用"的"字短语或"的"字词组等说法（引用除外）。

　　老先生们的研究给我们留下了丰富的知识遗产，数十年来的研究成果也层出不穷。翻一翻语言学专业期刊就知道，"的"是一个长盛不衰的热点和越挖越深的富矿。各个学派、各种研究方法都会在"的"上找到值得探索的课题和对话交锋的话题。

　　"的"的研究价值，不仅在于这个虚词本身的用法和功能，而且在于汉语语法的很多基本问题都聚焦其上。它对于汉语语法研究的意义之重大，正如那个撬起地球的支点。"的"的支点作用，至少体现在四个方面：名词短语结构，汉语词类模型，汉语句法格局，语言学方法论。

　　关于名词短语结构，朱德熙先生的研究可谓一锤定音："同位性偏正结构在现代汉语各类名词性偏正结构里所占的比重极大。除了名词直接修饰名词和形容词直接修饰名词之外，几乎全都是同位性的。"（朱德熙1993）与此相关的，还有复合名词问题。

　　同位性，即意味着在名词短语中带"的"的偏项和作为核心的正项同样都是名词性、指称性的，即使它们的组成部分含有动词也是如此。基于朱先生这一观点及其相关观点，沈家煊先生深化了对"这本书的出版"的讨论（沈家煊2009b，2016），并最终得出汉语词类名动包含的结论。与此相关的，还有形容词是否具有独立词类地位的问题。

这样的短语结构和词类模型可以进一步推广到汉语的句法,这就解释了为什么零句和流水句反映了汉语的本质(沈家煊 2012),为什么话题结构在汉语中具有根本性(张伯江 2013b)[①]。

而在语言学方法论方面,"的"的研究带来了一波又一波的革新。朱德熙(1961b)《说"的"》引入了结构主义分布分析法,向心结构难题引发的大讨论从结构主义一直讨论到生成语法,朱德熙(1983)《自指和转指》阐发了这两个细化指称描写的新概念,袁毓林(1995)《谓词隐含及其句法后果》引进了谓词隐含的方法,沈家煊(1995)《"有界"与"无界"》和张敏(1998)《认知语言学与汉语名词短语》掀起了认知语言学热潮,陆丙甫(2000,2008)《汉语"的"和日语"の"的比较》和《再谈汉语"的"和日语"の"的关系》则是国内学者对语义地图方法的最早实践。

以上概述不过是浮光掠影、蜻蜓点水,详细的介绍和述评留待后文。本书的意旨,也正在于围绕这四个方面的支点作用,回顾过去,展望未来。

---

[①] 请分别参看本套丛书许立群著《从"单复句"到"流水句"》和宋文辉著《主语和话题》。

除去首尾两章，中间正文十三章可分作下面这几组。

第 2 章谈"的"的分合问题，这是所有"的"和"的"字结构相关问题的根本。朱德熙（1961b）从分合问题开始切入"的"的研究，这个突破口选择得非常精准。

第 3 至 5 章分别谈隐现、位置问题，并归结到"的"的功能。

第 6 至 8 章都是与指称性质相关的问题，分别谈名词化、自指和转指，以及参照体—目标构式。

第 9 至 11 章的中心议题是由"N 的 V"引发的向心结构问题（生成语法的术语是"中心语（head）问题"）大讨论。

第 12 至 14 章分别探讨三个看似独特的句式，但是在结构的平行性原则下，其实也都是正常的"的"字结构。

# 2 分 合

"的"的分合问题，主要是指从语法功能的异同来分析"的"作为语素的同一性问题。与此相关却不相同的另一个问题，是"的/地"字形选择的正字法。

朱德熙（1961b）《说"的"》开创性的把"的"分析为三个不同的语素，但除了引文外，行文中"的"和"地"不加区别，一律用"的"。朱德熙（1982）、黄国营（1982）、张志公（1991）、沈家煊（2016）也坚持这个原则。本书踵武前贤，也一律用"的"。

## 2.1 早期状况

从元代起，"的"就逐渐统一代替了早期的"底"和"地"；到明清白话小说中，合用为"的"已成为主流。

在民国时期，因为一些翻译作品追求和西方语法的对应，用"底""的""地"分译领格、形容词、副词的用法渐渐出现，并在学者中掀起了大讨论。直至黎锦熙（1924）践行了三分的写法，这种分工才渐渐在理论上得到明确。但是，在实践中却依然难免混乱，到新中国成立后，"底"再次走向消亡。一厢情愿的正字法改革在实践中无法推行，说明狭义的领格（genitive）在汉语中从未占有过独立的范畴地位。

高名凯（1944）在正字法和语言单位的同一性两方面都是"一个'的'字"论的先声。文章首先澄清了前人研究中不属于"的"的用法，继而指出"底""的""地"发音相同，是同一个形式，翻译上的割裂并不能改变语法范畴的同一，即规定者和被规定者之间的"规定关系"。印欧语的规定关系有语法上的种种分别，但"中国语并没有特别的形态去分别这些观念，中国语只有一个'的'字去表达这一切的观念"。该文的意义在于确定了一形一义一词的对应关系原则，而"的"就是"表示较泛的规定关系的语法形式"。

此观点到 21 世纪还有回响。郭锐（2000）认为"的（地）"是饰词标记、修饰标记，此说可视为对"规定"的新阐释。

## 2.2 《说"的"》

朱德熙（1961b）先把"的"从同音"虚字"中区

分出来，然后再通过考察句法分布的差异从中鉴别出三个语法功能不同的语素（morpheme），即"最小的、有意义的语言单位"：

"的₁"是副词性语法单位的后附成分，主要出现在部分双音节副词后构成副词性语法单位。

"的₂"是形容词性语法单位的后附成分，主要出现在形容词重叠式后构成状态形容词。

"的₃"是名词性语法单位的后附成分，出现在名词、动词、性质形容词、人称代词以及各类词组后构成名词性语法单位。

该文假设，各类语法单位"X"加上"的"后表现出来的语法功能变化是由"的"带来的，那么不同的"X的"的功能差异就意味着"的"的差异。

考察"的"的分布，既要看"X"的类别，也要看"X的"的句法功能。基本结果如下：

| 的 | X | 举 例 | X的 |
|---|---|---|---|
| 的₁ | 双音节副词 | 忽然、渐渐 | 副词性 |
| | 一至三音节拟声词 | 噜、哗啦、哗啦啦 | |
| | 并立结构 | 无缘无故 | |
| | | 大惊小怪 | |
| 的₂ | 单音节形容词重叠式 | 红红、轻轻 | 形容词性 |
| | 双音节形容词重叠式 | 干干净净 | |

| 的 | X | 举 例 | X 的 |
|---|---|---|---|
| 的₂ | 带后加成分的形容词 | 红通通 | 形容词性 |
|  | 四音节拟声词 | 稀里哗啦 |  |
|  | 程度副词+形容词 | 很好，挺便宜 |  |
| 的₃ |  | 最好，最便宜 | 名词性 |
|  | 名词 | 木头 |  |
|  | 动词（结构） | 吃、看戏、洗好 |  |
|  | 形容词 | 红 |  |
|  | 双音节形容词 | 便宜 |  |
| 的₃/₁ |  | 细心 | 名/副词性 |

看表格的主体，三个"的"的区分基本上清晰有据。因此，根据归纳概括词的同音同义原则，可以把分布不同、功能不同的"的"，概括为三个"语法学上的词"，作为语法分析的基本单位。

作为语法单位，每个具体的语素和词都有一定的形式和一定的意义。朱德熙（1961b）主张区分三个"的"的根本理据，就是三个"的"同音却不同义，如果不区分的话，就"没有固定的语法意义"。这段论述既提供了区分三个"的"的理由，也引发了后人在研究中再次寻求统一的"的"。

## 2.3　大讨论

《说"的"》发表后，引发了深入的讨论。黄景欣（1962）提出了一些商榷，吕叔湘（1962）从中概括出主要的两点：一，"白的纸"中"白的"是名词性的（朱说）还是形容词性的（黄说）？二，句尾"的"是不是语气词？

对于第一点，吕文摆出分布格局来论证必须把"木头的"和"白的"的词性统一起来：

**朱德熙（1961b）**

|  | X 的 Y | X 的 |
|---|---|---|
| 木头的，我的，等 | 名 | 名 |
| 白的 | 名 | 名 |

**黄景欣（1962）**

|  | X 的 Y | X 的 |
|---|---|---|
| 木头的，我的，等 | 名 | 名 |
| 白的 | 形 | 名 |

朱德熙（1961b）能做到理论自洽，而黄景欣（1962）则难以辩护。因为"木头"和"白"的功能不同，"木头的"和"白的"的功能却完全相同，把它们划作两类未免是一种割裂。而且也不利于确定"我买

的""你给我的"的词性。

对于第二点，黄文的主要论证是：一，"我会写的"后面加不上名词，即"X 的"不能用"X 的 Y"替换；二，"我会写的"和"我会写吗？"相应，即"的"可用"吗"替换。所以，这个"的"是语气词，不同于其他三个"的"。

吕文对此部分认可。承认"我会写的"后面加不上名词，但这也未必能证明这个"的"就是语气词，因为同样的例子还有："瞧我的₃！""真有你的₃！"承认有可用语气词"吗""吧"替换的"的"，但是也还有不能替换的"我昨天写的""他去年来北京的"等。吕文最终认为"是……的"句中的"的"有一些可以肯定就是"的₃"，但也确有一些是有明显的语气作用。这就引发了后来对"是……的"句的新一波研究。（参看第 12 章）

朱德熙（1961b）的方法论意义在于严格运用了分布分析法。吕叔湘（1962）的方法论意义在于充分论证了语言单位的同一性原则，指出语法结构（结构体）的同一性问题涉及三个因素：结构体的类；结构体的直接成分的类；结构体内部即它的直接成分之间的结构关系。陆俭明（1963）对这两方面做了更进一步的阐释。随后，又有几篇论文参与了讨论。朱德熙（1966）以《关于〈说"的"〉》一并作答，坚持了自己的观点，但也把语气词问题暂且略而不谈。

需要注意，朱德熙（1961b，1966）都采用"语素"这个术语，这就回避了"的"是词内成分"词尾"还是独立虚词的讨论。并且，文中强调，"后附成分"不等于"词尾"。但是在朱德熙（1993）中却有了变化，三个"的"被分别定性为：

"的₁"是副词词尾，出现在部分双音节副词词干（忽然、格外、渐渐）之后构成副词。

"的₂"是状态形容词词尾，出现在状态形容词词干（红红、干干净净、红通通）之后构成状态形容词。

"的₃"是名词化标记（nominalizing marker），出现在名词、动词、形容词（状态形容词除外）、人称代词以及各类词组之后构成名词性词组。①

更重要的区别是，把"的₃"从"名词性语法单位的后附成分"改成了"名词化标记"。这就引发了一系列的讨论。该文也没有涉及句尾"的"。直至袁毓林

---

① 蔡维天（2015）运用话题化、焦点移位、动词重复、"连"字句和同形删略等测试手段，区分出两种不同的"的₃"。一种是引介定语的功能词，包括修饰用法和领属用法，如"第一年的博士生"。另一种是附着在数量词组上的小词，有排序用法和计量用法，如"博士生的第一年"。不过，这种差别也许不一定归因于"的"的不同，归因于定语和中心语的词汇意义也是可以考虑的另一个思路。

（2003a），运用焦点理论和非单调逻辑的有关观念和方法，论证句尾"的"也是名词化标记，才维护了朱先生的理论。（参看第 6 章）

## 2.4　发现共性

朱德熙（1961b）用变换法证明句末"的"也是"的$_3$"：

我会写的　→　我是会写的

而吕叔湘（1962）则发现如下平行关系：

手上干干净净的　→　手上是干干净净的

吕文本意是为了说明朱文的论证并不成功。但从另一个角度来看，这也说明了"的$_2$"和"的$_3$"的共性，即使双音节形容词重叠式后的"的$_2$"还是典型的"的$_2$"。前文第 2 节的列表跟《说"的"》中原表的排列方式不大一样，突显①了跨类的 X。这也说明以朱

①　全书使用"突显"而非"凸显"，是遵从本套丛书主编沈家煊先生翻译的《现代语言学词典》中采用的译名字形，尽管这两种写法在语言学论文中都有人用。引文除外。

先生的标准,三个"的"之间事实上也存在着模糊地带。

黄国营(1982)采取了另一种区分语素的标准,看"X"加上"的"后词性有没有发生根本变化:

| | $D_1$ | $D_2$ |
|---|---|---|
| 词性变化 | $XD_1 \neq X$ | $XD_2 = X$ |
| D 的性质 | 结构性 | 词尾性 |
| XD 所指 | 事物 | 性状 |
| XD 性质 | 体词性短语 | 谓词性短语 |
| 主要句法功能 | 主宾语、定语 | 谓语、补语、状语 |
| 举例 | 你——你的<br>吃——吃的<br>红——红的 | 渐渐(的)<br>干干净净(的)<br>大白天(的)① |
| 对比朱德熙(1961) | 的$_3$ | 的$_1$+ 的$_2$ |

可以看到,这种分类法发现了"的$_1$"和"的$_2$"的共性。而陆丙甫(1992)则从另一个角度看到了"的$_1$"和"的$_3$"的共性,文中举出如下作状语的"的"字结构更多写作"的"而非"地"的例子:

**总的**说来　　他真**的**来了。

"总的"可认为是"从总的$_3$方面"的省略,"真的"例

---

① 把这个"的"分析为"的$_2$"的理由可参看高顺全等(2014)。

可转换成"他来了，这是真的₃"。

对状语中的"的"展开深入研究的是张谊生（2011，2012）。尤其是后一篇以丰富的例证，区分了四大类八小类"副+的"状语的使用，其中七小类都有理据可循，可以达成高谓语化、兼表内涵和描绘形象等表达效果，只有一小类属于误用。汉语事实是，"的"同样可以用于状语。结论之一就是，副词本身并没有形态特征。这实际上是对"的₁"的现实性提出了质疑。

## 2.5 探寻语用

张国宪（1994）较早对"的"的语用功能做出探索，其研究对象是"的₃"。该文认为隐现自由的"的"，如"新型（的）人际（的）关系的雏形"，是属于语用平面的问题，其功能有：形成疏密有致的构造，强调修饰语，协调音节等。这些概括基本上谈的是修辞效果。

徐阳春等（2005）更进一步，尝试用"逆向凸显（其前面的某个成分）"来概括三个"的"的语用功能同一性，又可分为两大类，一类"凸显偏项"，一类"凸显对比焦点"。简要概括如下：

| 偏正结构<br>（的$_a$） | 凸显偏项的修饰性 | 鸡肉鸭肉的$_1$吃<br>高高的$_2$举起<br>木头的$_3$桌子 |
|---|---|---|
| 非偏正结构<br>（的$_b$） | 凸显已发生动作的条件或施事 | 我在杭州下的$_3$车。<br>谁打破的$_3$窗户？ |
| | 凸显动作本身 | 他一定会去的$_3$。 |
| | 凸显状态非同寻常 | 大过年的$_2$，不要吵架。 |

这个"凸显"实际上已经是一个语用—认知概念了。

## 2.6　认知解释

朱德熙（1961b）结尾说，把"的"归并为一个语素的缺点是"只有固定的形式，却没有固定的语法意义"。这里的"语法意义"主要指的是分布和词性。不过吕叔湘（1962）提出，说只有一个"的"，功能就是造成"的字结构"也未尝不可，因为它的分布是独一无二的。有趣的是，朱先生文末也指出，这种归并"在一般人的心理上也是有一定的地位的"。那么，这个心理上的地位到底如何？"语法意义"有没有别的解释？后世的认知语言学研究提供了一个明确的答案。

刘宁生（1995）把他在刘宁生（1994）中论述过的"目的物"与"参照物"的空间关系应用到了偏正结构上

来，提出"中心语"和"修饰语"的认知基础就是"目的物"与"参照物"，并指出二者的非对称关系决定了偏正结构的词语选择，需要遵循参照物先于目的物的原则。

以"湖中心的亭子"为例，在认知过程中寻找识别目的物"亭子"，需要以"湖中心"为参照物，"湖中心"在语法上就成了修饰语，"亭子"就成了中心，"的"标示了这种认知和语法的双重关系，这种关系不能倒过来变成"＊亭子的湖中心"。

在人们的认知心理中，这种空间关系在非物质意义上的拓展，造就了语义丰富的"的"字结构，比如"我的衣服""红颜色的苹果""五角形的大楼""叔叔从国外带回来的照片"等，修饰语都是参照物。

沈家煊（1999）对"的"字结构的认知框架做了更详细的阐述，建立了以"参照体—目标"的认知结构为核心的认知模型。（参看第8章）沈家煊等（2000）又更进一步，把"N的V"结构也纳入这一体系。（参看第9章）

在结构主义时代，学界对语法意义的理解仅限于结构。而在认知语法①兴起之后的今天，对语法意义的理

---

① 生成语法学界也在寻求"的"的同一性。王红生（2016）借助空范畴理论论证"的"可被认作表示修饰限制功能的语法标记。

解就有必要把认知语义也包含在内了。"参照体—目标"关系既是一种认知结构，也是一种语法意义，而且具有跨语言的价值，对英语 *of* 的研究可参看 Langacker（1993）。在此基础上把各种"的"归并为同一个语素，自然不会有形式和意义不对应的麻烦。

回顾高名凯的"规定关系"说，如果把"规定"理解为"确定"的话，那么通过参照物来确定目标物正是对"规定关系"说的认知语言学解释。

沈家煊（2015）说明了适用于形式类分合的"同形合并"原则：

i. 必须至少有一个词在两个词例之间有实现的、直观的、稳定的形式对比，才将这两个词例划归两个不同的形式类。

ii. 根据一致关系做出的形式类区分不能从一个词推广到其他词。

这两条原则也适合"的"。沈先生同时指出"严格的'形式类'区分也要讲究分的度，要依据一定的原则，不能一味的分，该合的要合"。把"的$_1$""的$_2$""的$_3$"归并为一个"的"，不是说三者没有区别，而是对几个"的"在形式上其实并无区分的重视，这是在更大的系统中对前人学说的覆盖和扬弃。细分不是科学研究的目的，科学研究的目的是为了追求"单纯性"（吴怀成、沈家煊 2017：279）。

## 2.7 正字法讨论

1956 年制定的《暂拟汉语教学语法系统》主张"的""地"分用，分别作为定语标志和状语标志，其后推广开来，成为规范。但 1984 年替代"暂拟系统"的《中学教学语法系统提要》则转而主张"的""地"合用（人民教育出版社中学语文室 1984）。吕叔湘（1984）对此原则有过论述："定语和状语的区别决定于被修饰词的词性，不决定于'的'和'地'。""如果一概写'的'，那么遇到这个词的词性有争论（难于区分定语或状语）的时候，尽可让语法学者们争论下去，不至于给一般写文章的人造成困难。"

现在看来，语法学者们也可以不用继续争论了。事实已经很清楚。"'的'和'地'的区别与分工根本就不像教科书上所规定的那样，是各司其职、界限分明的。相反，只要有需要，副词状语就可以选用'的'。"（张谊生 2012）沈家煊（2014，2017）也论述道："汉语的实际是'地'只是状语标记，'的'既是定语标记也是状语标记，'的'的用法包含'地'的用法。"干脆的说，"汉语的状语是定语的一种"。（参看本书 3.7

和4.2节)

朱德熙（1961b，1982）一律写"的"的原因肯定不是朱先生分不清定语和状语，而是"的／地"的定状二分跟"的"的三分有内在的冲突。一方面"X 的$_1$"（赶紧的$_1$往屋跑）和"X 的$_2$"（热热的$_2$喝下去）都能充当状语，单单一个"地"字仍然无法区分。另一方面，"X 的$_2$"还能充当定语（热热的$_2$一壶茶），如果字形分开，就硬生生的把同一个语素割裂成两个。

而按照认知语言学的观点，所有的"的"都是同一个语素，就更不应该分成两种字形了。

# 3　隐　现

对"的"的隐现问题的研究，主要集中在定中式偏正短语中。而且，有必要以"的"的隐现不导致意义明显变化为限，因此，"快餐厅/快的餐厅""黑票/黑的票"等就不在讨论之列。

## 3.1　单项定语

陈琼瓒（1955）从意义入手，考察了单项定语后"的"的隐现，提出了"称谓"说。文章首先指出归因于习惯、发音便利、避免误解、区别意义等旧说的缺点，然后分别考察了形容词、名词、动词和人称代词做定语的情况：

| 称　谓 | 修饰、区别 | 不能作称谓 |
|---|---|---|
| 大好春光 | 大好的春光 | *坏春光 |
| 鸡脚 | 鸡的脚 | *张三脚 |

| 称　谓 | 修饰、区别 | 不能作称谓 |
| --- | --- | --- |
| 飞鸟 | 飞着的鸟 | *飞着鸟 |
| 我爸爸 | 我的爸爸 | *我书 |

　　结论是，定语后的"的"强调定语的修饰、区别作用，不用"的"会使短语的结构紧密，成为事物的称谓，甚至成为复合词。如果强调定语却并无意义，就不应该用"的"，而不能作为称谓的时候，就必须要用"的"。

　　此说得到赵元任（Chao 1968：285－286）的认同。不过，如何判断是否为称谓形式，什么是强调，强调了什么，似乎都成了新的问题。所以，范继淹（1958）质疑道："'白刀子进去，红刀子出来'究竟是强调'刀子'的性状呢，还是指称'白刀子''红刀子'这两件先后不同的事物呢？恐怕很难说清楚。"

　　范继淹（1958）的思路是从句法入手，发现形名组合"AN"和"A 的 N"成立的句法条件正好相反。

　　"AN"：

| A 不受其他成分限制 | *很平常事 |
| --- | --- |
| N 不受其他成分限制 | *红那件毛衣 |
| A 不能重叠 | *老老实实话 |
| N 不能承前省略 | *大脸盆三块，小两块 |

"A 的 N":

| 不再受别的形容词修饰 | * 大黑的马 |
| --- | --- |
| 不能再修饰别的名词 | * 圆的脸胖子 |

由此证明了"AN"组合紧密，是单一的名词性成分，而"A 的 N"则是两个不同的句法单位组成的短语。类似的考察，可参看李晋霞（2003）对"VN"和"V 的 N"的研究。

对"称谓"说的一个解说和补充来自铃木庆夏（2000）。该文试图把语义规则细化，提出形名组合不带"的"的"对立化动因"：形容词作为分类的根据描述所指事物的属性，区别于其他同类事物时，可不带"的"而充当定语。并且从语篇中观察到，具体语篇中新事物出现时，语言表达常常采取"A 的 N"形式，而再次提及时则可以不带"的"。这也可以理解为，"AN"组合已经取得了独立的范畴地位。语篇中先"A 的 N"后"AN"的变化，这和完权（2010）观察到的语篇中先有"N 的 V"后有指称性"NV"的变化类似。（参看第 9 章）考察对象从词语扩大到篇章，是"的"字研究的必然发展。

人称代词作定语具有一定的特殊性。徐阳春（2008）发现独立指称需要出现"的"的非关系组配结构，入句后如果被看作一个整体，"的"也可以隐去。陈琼瓒

(1955）认为不能成立的一类，如"你胳膊""他桌子"
"她钱包""我汽车"因为在语篇中获得整体性，也有丰富
的例证。以上两个研究都说明了"称谓"性的实质是概念
的整一性。这样的整体，徐阳春（2011）称为板块。

## 3.2　多项定语

在"称谓"说之后的一大理论创新，是张敏
（1998）。该文从距离象似原则出发探寻"的"字隐现的
一般规律。最早提及象似性动因的可能是 Chappell
*et al.*（1992），而张敏（1998）则引入认知语言学范式
作了充分论证，并且把研究范围推广到了多项定语。

距离象似原则要求语言成分之间的形式距离与概念
距离平行，而"的"可加大定语与核心名词之间的形式
距离，因此定语与核心名词的概念距离越远，就越易带
"的"；越近，就越易不带"的"。具体见下表：

| "的"可以隐去 | 必须带"的" | |
|---|---|---|
| 属 性 定 语 | 情 状 定 语 | 领 属 定 语 |
| 简单形式的形容词 | 复杂形式的形容词、区别词、名词 | 名词、代词 |
| 规约性分类，定中间的概念整合度高 | 情状不稳固，概念距离大 | 领属者和领有物概念相互独立 |

在多项定语"的"的隐现方面,张敏(1998:267,270)归纳出如下两个序列。

词类序列:

> 领属语>逻辑量词>指示词>数量词>状态形容词>
> 性质形容词>区别词 名词 动词>中心语

表义功能序列:

> 情状属性>(新旧、形体、颜色、质料、功能)>中心语

在这两个序列中,"越靠右,'的'隐去的可能性就越大;越靠左,'的'(或其他间隔成分)出现的可能性就越大"。例如"大的瓷杯子"能说,而"大瓷的杯子"不能说。

距离象似原则的解释力很强,但是也并非没有反例。陆丙甫先生曾在一次报告中举出这样的例子:为什么"厚书"中可以插入"的"(厚的书)却不能插入"一本"(*厚一本书)?为什么"厚的那本书"能说而"*厚那本书"不能说?(王远杰 2008a)

陆丙甫(2004)提出了另一条富有认知语言学和语言类型学价值的原则"距离—标记对应律":一个附加语离核心越远,越需要用显性标记去表示它和核心之间的语义关系。因为距离越大,要识别两者之间的关系就越困难,因此就越需要显性标记去提示。比如:

塑料（的）自动（＊的）洗衣机

不过，距离-标记对应律似乎也仍没有回答陆丙甫先生上面的质疑。王远杰（2008b）则开启了一条新的思路，通过在名词短语中区分定位、定量、定类三类定语依次出现的槽位，区分无标记结构和有标记结构，用以说明多项定语"的"的隐现规律，包括：一，这三类定语槽位之间"的"的隐现互不影响；二，同一定语成分出现于不同位置时，处于无标记语序位置更易不带"的"，处于有标记语序位置更易带"的"。例如：

[位 昨天桌子上他那]［量 三个］［类 大瓷］［核心 杯子］

"槽位"说能回答陆丙甫先生上文的质疑，但仅仅是倾向性的概括。刘丹青（2008）的回答更加简洁明了，给陆丙甫（1988）提出的内涵定语与外延定语下了明确的定义，并以"的"为形式标志。内涵定语，就是给整个名词短语增加词汇性语义要素的那些定语，而外延定语则是用来给名词短语语义指称、量化属性，表明其具体所指范围，用于指明外延。两者在形式上表现出对立：所有内涵定语（下标 i）都可以但不一定带"的",而外延定语（下标 e）都不可以带"的"。例如：

[我]ᵢ [那件]ₑ。[昨天买的]ᵢ [很厚的]ᵢ [棉麻]ᵢ 衬衫

此说很有用，但也引发了新的疑问。张振亚（2013）发现内涵定语的分布往往体现出不连续性：

领属定语[内涵] 指量定语[外延] 带"的"定语[内涵] 核心

领属定语和带"的"定语同属于内涵定语，为何会被外延定语切割为前后两个不连续的部分？这个问题涉及带"的"定语的位置问题，将在第 4 章详述。

## 3.3　韵律因素

吕叔湘（1942：32，第 2 章）最早谈到韵律的松紧对"的"字隐现的影响："主要原则是结合得紧就不用（所以复词内一概不用），结合得松就要用，例如'水红绸子'要比'渺茫的歌声'结合得紧些。"此说亦可视为距离象似原则和距离—标记对应律的先声，而后世围绕韵律的研究则形成了另一条路线。

肃父（1956）用熟语与非熟语来解释结合的紧密与松散。该文的熟语标准很宽，把"光荣行列""强大阵营""积极作用""辉煌成果"等都包括在内，这些一般都不算作典型的熟语，但此说却不无启发。

吕叔湘（1963）则提出这些四音节的无"的"名名、形名组合很常见，而且常常插不进"的"字（外交礼貌、绝对高度），或者即使能插入也一般不插（经济基础、高等教育），"都有点像复合词了"。该文的贡献是对"的"前后不同音节数不同词类的组合方式做了详细的描写。

周韧（2014）在吕先生的基础上进一步论证了"的"字隐现与韵律的关系等，说明汉语语法中确实存在着双音节和四音节的对立，并且提出"的"作为定语标记，在句法语义允准的情况下，应尽量处于整个定中结构的中央地带，以保持"的"字左右的成分在韵律上的大体平衡和匀称。

不过，这和刘丹青（2008a：11）提出的"尽前省略"说稍有参差："位置在前的定语，尤其是在定语之首的领属语，最容易或最需要省略'的'。而紧靠核心名词的领属语不能省'的'。此外，对多项定语来说，由名词、区别词等充当的非领属属性定语在紧靠核心名词的情况下也以无'的'为常。"例如：

多层定语：办公室（?的）王主任（的）要好朋友
（的）外甥（＊的）同学①

多项定语：王主任（的）年纪很轻（的）在湖北老
家经商（＊的）远房（?的）亲戚

王远杰（2013）对吕先生早期的松紧说做了进一步
的描写和阐释。该文发现下列两个短语之间"的"的隐
现表现出一种镜像关系。在"他爸爸战友儿子的杯子"
中，越靠后的成分越容易带"的"；在"新大瓷杯子"
中，越靠前的成分越容易带"的"。这和周、刘二说又
不相同。看来，这方面的研究还有待深入。不过比较明
显的一点是，"新大瓷杯子"更应被视为复合词而不是
短语。用沈家煊等（2014）的话，结构关系的松紧就是
"词紧语松"。

## 3.4 复合词问题

前文多次提及有关复合词的论述，下面做一些简单
的梳理。

---

① "（?X）"的意思是加"X"是有问题的，"?（X）"的意思是
省略"X"是有问题的。"（＊X）"的意思是加"X"是错误
的，"（＊X）"的意思是省略"X"是错误的。

王力（1953）认为"铁路"等"既不是纯粹的单词，又不是两个词，自然应该是复合词了。"这个"复合词"今天一般称为"合成词"。

朱德熙（1951［1999］）针对如下例句提出"'农民革命'可以认为是一个单词，应该放在一起"：

**历史上多少次农民（＊的）光荣革命都失败了。**

朱德熙（1956）再次提出"白纸"类有"单词化倾向"。前文也介绍过范继淹（1958）的论证。

赵元任（Chao 1968：Ch. 6）指出，能否插入"的"是辨别复合词和短语的最重要的测验。组合中只要有一个是黏着成分，"结果当然是复合词"，如"国际法、保险箱"。如果两部分都是自由成分而中心词为轻声，也是复合词（合成词），如"大人、元宝胡同"。而由自由成分组成而没有轻声的，又分为两类。一类是"油纸、汤勺儿、保险公司"，不管意义有没有专门化，"一概认为是复合词"。另一类是"好书、酸苹果"，赵先生认为"显然是形名短语"。然而，吕叔湘（1979：23－25）却建议把"大树"这种介于词和短语之间的组合叫做"复合词"或"短语词"。

朱德熙（1982：148－149）从形式特征入手，划分出黏合式偏正结构（名词、区别词和性质形容词等不带"的"的定语）和组合式偏正结构（定语带"的"或为指示词、指量短语、数量短语）两大类，认为"黏合式偏正结构的功能上相当于一个单一的名词"。这是按结构主义分布原则证实了黏合结构具有复合词的性质。

张敏（1996）将朱先生的观点发展为"汉语复合名词假说"：汉语里以名词为中心语的构造，若其修饰语是后面不带"的"的名词、区别词、形容词或动词，或其修饰语不含指示成分及数量结构，则这个构造是一个名词性复合词。

完权（2014）又根据一些句法、语用和语音上的证据，提出从偏正关系的词到短语之间存在如下整合度由高到低的连续统一体：

复合名词连续统：
整合度高：词汇化复合词（合成词）　　大车
　　　　　语境自由复合词：固定　　　　侦察小组
　　　　　　　　　　　　　松散　　　　漂亮姑娘
　　　　　语境依赖复合词：入句　　　　领导手
　　　　　　　　　　　　　特设　　　　以往沉寂
整合度低：短语（必须使用"的"）　　　红红的太阳

按照参照体结构的分析，"X 的 Y"中 X 是参照体，Y 是目标体，它们的词语表征必然是一个整合的概念，而"的"是联系这两个概念的参照体标记。整合概念会有松紧的差异，但是质的界限就是是否插入"的"。没有插入"的"，就是松紧程度各异的复合词；插入"的"，就是两个概念组合而成的参照体结构，语法上分析为短语。

孙朝奋（Sun 2016）也论证了一个类似的汉语名词短语形式意义配对连续统，在其中"的"被视为名词短语的语法标记，而不使用"的"则标志着这个单词联系着一个唯一概念或者型/类/集合概念。图示如下：

词汇化（不用"的"）

| | | |
|---|---|---|
| ↑ | a. 专有名词 | 唯一概念 |
| | b. 普通名词 | 伴有黏着语素，型/类概念 |
| | c. 类单词名词 | 自由语素复合词，类概念 |
| | d. 类单词集合表达 | 自由语素复合词，类概念 |
| | e. 类短语名词 | 自由语素复合词，带"的"子集 |
| | f. 类短语集合表达 | 自由语素复合词，带"的"子集 |
| | g. 加修饰的名词短语 | 带"的"子集 |
| ↓ | h. 名词化 | 无指称成员 |

名词短语（必用"的"）

陆烁等（2016）和陆烁（2017）根据形式语义学的语义类型理论，在黄师哲（Huang 2006，2008，2013）的研究基础上，也得出"不带 de 的定中结构就是词，带 de 的定中结构就是词组"的结论。

## 3.5 生成语法的研究

关于复合词，生成学派也有持相似观点的学者。汤志真（Tang 1983）提出歧义测试法。"好的学生的宿舍"有歧义，可以分化为"好的 | 学生宿舍"和"好学生 | 的宿舍"这两个使用复合词的无歧义短语。歧义测试说明复合词在概念上是整一的。汤志真（Tang 1990）还明确提出，汉语 AN 组合是复合词而不是名词短语。她比较了下面这组例句：

| | |
|---|---|
| 那一个大饼 | 那一个大的饼 |
| * 那一个很大饼 | 那一个很大的饼 |
| * 大那一个饼 | 大的那一个饼 |

"大饼"是复合词，所以"大"不可以被程度副词修饰，也不可变换位置；而其中的"大的"则不受这样的限制。

郑礼珊（Cheng *et al*. 1998）讨论了非个体量词和个体量词后"的"的隐现，"五碗的汤"成立而" * 十只的盆"不成立。该文的解释建立在把汉语名词短语分析为量词短语（ClP）的基础之上。试比较下面这两个图中的例句：

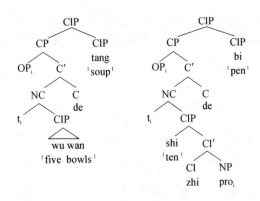

"五碗的汤"是从名词性小小句（nominal small clause）"汤五碗"关系化提取主语"汤"派生而来，"的"是 CP 核心。而"＊十只的盆"不能由"盆十只"关系化而来，因为个体量词"个"补足语位置的空代词 pro 不能进入 ClP 的 Cl 位置，所以关系化无法进行。①

然而，王远杰（2008a）指出此说的分析需要作出一些特设的假定才能维持，且不能解释动量成分"的"的隐现，如"（看了）三天的书"没有对应的名词性小

---

① 金晶（2016）是对度量短语 MP（measure phrase）的新近研究，把汉语"度量短语＋'的'＋名词"表达式分为量化、修饰和抽象三个类别。

句"＊书三天"。这促使他提出上文 3. 2 节介绍过的
"槽位"说。

## 3. 6 "的"字结构的隐现类型

司富珍（2004）概括了 6 类"的"字结构，郑礼珊
（Cheng *et al.* 2009）概括了 7 类，而根据我们的观察，
如果区分"的"的隐现，那么名词短语中的"的"的
分布实际上包含更多类型。

"的"字结构的类型可概括为下表，其中列出了必
用"的"和可用"的"且"的"已然出现的情形。根
据前面的论述，可以把用与不用"的"的对应用例分别
视为短语和复合词。表格前半部分是从定语来看，后半
部分是从中心语来看，二者由双线隔开。

| | 必用"的" | 可用"的" |
|---|---|---|
| 名词短语定语<br>（含领格） | 北京的天气<br>以前的总统 | 木头（的）桌子<br>我（的）脚 |
| 动词短语定语 | 吃的东西<br>看的电影 | 剩（的）饭<br>学习（的）计划 |
| 形容词短语定语 | 金灿灿的麦田<br>漂漂亮亮的衣服 | 新（的）书<br>漂亮（的）衣服 |
| 指示词定语 | 这样/那样的人<br>怎么样/哪样的人 | 怎么样（的）一个人<br>这样（的）东西 |

| | 必用"的" | 可用"的" |
|---|---|---|
| 数量词定语 | | 两箱子（的）书<br>七百位（的）专业红娘 |
| 介词结构定语 | 对儿子的态度<br>在操场上的学生 | |
| 伪定语 | 他的篮球打得好<br>他看了一个小时的图片 | |
| 关系小句 | 烧塌了的房子<br>我拟定的计划 | |
| 无空关系小句 | 毒蛇咬的伤口① <br>他唱歌的声音 | |
| 同位小句 | 我去国外旅行的计划<br>三姐妹香港聚会的新闻 | |
| 动词中心语<br>（含形容词） | 这本书的出版<br>面向基层的扶贫帮困 | |
| 代词中心语 | 普通的我<br>现在的这里 | |
| 省略中心语 | 我喜欢大的包，他喜欢小的。<br>他的衣服是蓝色的。 | |
| 无中心语② | 大星期天的<br>真有你的 | |

① 关系化最常见的结果是在关系小句（relative clauses）内部造成一个句法空位（gap），而无空关系小句（gapless relative clauses）则没有这个空位。

② 可根据不同的性质再作更进一步的分类。

## 3.7　"地"的隐现

尽管隐现研究主要集中在名词短语中，但范继淹（1958）其实也兼顾了 AV 状中式中的"地"，提出它和 AN 定中式里的"的"在多项式修饰语中具有同样的"可综合性"。

陆丙甫（2004）也指出"地"同样受到距离—标记对应律的制约，比如：

他在图书馆认真（地）看书。

他认真（＊地）在图书馆看书

这些定中式和状中式之间的平行性，也是"的"作为语素宜合不宜分，共性大于个性的证据。

# 4 位　置

"的"字结构的位置问题，从属于定语语序问题，和"的"的隐现、语法意义都有关系。

## 4.1　位置和隐现

"的"的位置和隐现相关。前述王远杰（2008b）对隐现条件的概括，就包括位置因素。在顺序排列的定位、定量、定类三个槽位中，定位性特别强的定语（如"这""那"）不能处于定类槽位，只能以无"的"形式出现于定位槽位。定类性特别强的定语（如"语文"）不能处于定位槽位，只能以无"的"形式出现于定类槽位。试比较：

那三个杯子　　　　*语文三个老师

*那的三个杯子　　　*语文的三个老师

*三个那杯子　　　　三个语文老师

*三个那的杯子　　　　*三个语文的老师

不过，下面这个例子却显示有些"的"字定语可以灵活的出现在定位或者定类槽位中：

三个戴眼镜的学生
戴眼镜的三个学生

后来的研究把这种现象称为语序漂移（刘丹青 2008a），这是"的"字结构位置问题研究的主要对象。

## 4.2  位置导致语义差别

最早是吕叔湘先生发现这个问题的。在由他执笔的丁声树等（1961）第 6 章中，比较了如下例句：

我把新买的那支钢笔丢了。（暗示我还有。）
我把那支新买的钢笔丢了。（不暗示什么。）

吕先生指出，一般而言，指示代词的位置①可以区

---

① 吕先生特别指出数量词与此并无关系，然而王远杰（2008b）的例子却包含数量词。数量词的作用还值得继续研究。

分修饰语：在它前头的，限制（择别）作用多于描写；在它后头的，描写作用多于限制。然而也有例外，比如下面这些"又粗又黑的"无论在哪里，都只有描写的作用：

> 举起他那双**又粗又黑的**手
> 举起他那**又粗又黑的**一双手
> 举起他**又粗又黑的**那双手

而在特定上下文里，指示代词后的修饰语的限制作用也会显著起来：

> 我把那支**新买的**钢笔丢了，只能还使那支**旧的**了。

注意，这里所说的限制和描写指的是整个定语的作用，而不是"的"的作用。（参看第 5 章）

以上论述说明，"的"字定语无标记的常规语义是描写性的，而限制性的增强来自语用因素，要么是有所暗示，要么是对举语境中有转指的"的"字结构（参看第 6 章）。需要研究的是，这样的"的"字定语还有没有描写性？

赵元任（Chao 1968：5.3.6.2）也首先指出不涉相对位置时的"的"字修饰语是描写性的：

> 可怜的孩子！饿了也没的吃。

而和其他修饰语共现时，位置决定用法（use）：

> 那位戴眼镜儿的先生是谁？（描写性 descriptive）
> 戴眼镜儿的那位先生是谁？（限制性 restrictive）

在状语中也有这两种用法的分别：

> 这样来回的看（描写性）
> 来回的这样看（限制性）

这说明这种位置差异带来的语义差异不限于名词的修饰语，更不限于关系小句；这也是"的"字宜合不宜分的另一个证据。

赵先生还发现了另一个语义差别：

> 那个爱说话的人。（永久性特征）
> 穿黑大衣的那个人。（暂时性特征）

这是陆丙甫"语义靠近原则"的先声。（参看本章第4节）

吕叔湘（1985：212–214）进一步探讨了指示词和其他定语的位置关系，将其中的层次关系归纳为：

这、那＋（定语＋名词）
（定语＋这、那）＋名词

关于语义，吕先生概括道："一般说，这、那在定语之后，那个定语就显得有限制作用；这、那在前，那个短语就显得只有描写作用。"其中的"只"字，说明吕先生认识到描写和限制并不是简单的二元对立，而是可以表示为如下扭曲对应关系：

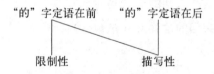

换句话讲，"的"字定语无论位置如何都有描写性，这是语义性的（参看陆丙甫2003）；但位置在前时，限制性会更加明显，这是语用性的。

## 4.3 频率

吕叔湘（1985）对这两种格式的出现频率也有观

察。描写性定语位置大多在"这""那"后，如"那位胖胖的小姐"。而动词短语作定语，则没有这样的差异，但"这""那"在后的例子中，"那"比"这"多。但是，如果"的"字结构由主谓短语构成，那么指示词"通例在后"。沈家煊（1999b：33）使用标记论将此概括为，指示词在前的是无标记语序，指示词在后的是有标记语序。

"的"字结构的语序，也要符合定语语序的一般原则。袁毓林（1999）提出"对立项原则"用于解决定语语序问题，其核心是对立项少的要领先于对立项多的，也就是信息量小的排在信息量大的定语之前。这符合由简到繁、由易到难的认知规律。那么，指示词的对立项只有"这""那"两类，而各种描写性的"的"字内涵定语则明显丰富得多。自然，指示词前置就成了常规的无标记项。这是一个关于定语语序的普适性解释。

陆丙甫（2003）的观点则可视为着眼于"的"的专门解释。该文提出"的"的基本功能是在语义层面进行描写，在一定的语境下可以派生出限制乃至指称功能。例如：

a. 那只白的狗　　　　b. 白的那只狗

"白的"的基本功能就是 a 式中的描写，在一定的语境下，可以漂移到"那只"之前，表示限制的意义。比较而言，语义因素比语用因素更加稳定。故而 a 式是常规的无标记项，所以高频；而 b 式是特殊动因导致的有标记项，所以低频。

盛亚南、吴芙芸（2013）考察了汉语口语中指量结构与主语关系小句和宾语关系小句共现时的不对称分布，发现主语关系小句中，指量结构倾向于前置，而宾语关系小句中则相反。该现象的发现是对前述标记论概括的细化。

至于由主谓短语构成的"的"字结构"通例在后"的理据，还有待进一步研究。

## 4.4　可别度领前原理

陆丙甫（1998，2005）提出相互关联的"语义靠近原则"和"可别度领前原理"用于解释定语语序。

"语义靠近原则"是说语义上越是具有"稳定性"和"内在性"的成分离名词越近。比如，"红"相对于"我的"是稳定内在的特征，所以"我的红苹果"成立，而"红我的苹果"不成立。这条原则也可以解释前文第 2 节赵元任发现的"永久性/暂时性"对立。陈宗利（2007）则提供了一个对此现象的生成语法解释。

"可别度领前原理"的表述之一是："如果其他一切

条件相同，那么对所属名词短语可别度贡献高的定语总是前置于贡献低的定语。"换句话说，可别度高的成分在语序上要领先于可别度低的成分。"我"比"红"更容易识别，所以"我的红苹果"成立，而"红我的苹果"不成立。这条原理也进一步解释了"对立项原则"，因为对立项越少，越容易识别，可别度就越高。

　　沿着这条思路继续深入，张振亚（2013）解释了如下现象：

> *红的我的苹果
> 年轻、精力旺盛的我的祖父
> 用以色列国旗覆盖着的拉宾的灵柩

　　描写性"的"字定语位于领属定语之前一般是不合法的，但是真实语料中也有不少用例。该文观察到，只有当名词短语是独一无二的所指对象无需指别时，才会发生过长的带"的"定语前置，以达到避免形成"大肚子"结构，降低结构难度的效果。

## 4.5　关系小句

　　虽然关系小句只是"的"字定语的一种，但是对关系小句的位置的研究也形成了一个独特的课题。研究焦点之一,是汉语关系小句是否具有限制性。

一般而言,限制性(restrictive)和非限制性(non-restrictive)是定语的两种语用功能。限定、缩小光杆核心名词所指的范围,但缩小后仍不改变整个 NP 的类指性,属于限制性修饰语。不限定、缩小该光杆核心名词所指的范围,但整个 NP 不再表示类指,属于非限制性修饰语。

有观点认为,"这/那本**我昨天买的**书"中关系小句是限制性的,而"**我昨天买的**这/那本书"中关系小句是非限制性的。[1]也有观点认为恰恰相反(陈玉洁2010:293)。

结论反差如此之大,就意味着这有可能是一个伪问题,问题的关键似乎不在于关系小句本身。就关系小句本身而言,方梅(2004)在基于口语语料的研究基础上,提出口语中事实出现的前置关系从句,无论是在最具有语义模糊的地方以及需要长距离回指的地方,还是用于描述故事中的重要的名词所指,"都具有限定性,用来指称、识别一个已知的言谈对象"。而以"他"为

---

① 转引自屈承熹(2005:330)。

引导词的后置关系从句则不具有限制性。①

屈承熹（2005：330-338）的观点类似，同时也承认定语漂移会影响关系小句的语义。他的解释是，产生这种相关性的原因在于指示词的不同功能，汉语关系小句本身不区分限制性与否。如果中心名词"定指"，关系小句就具有"限定功能"；如果中心名词"非定指"，关系小句就用于描述。

对核心名词决定论，唐正大（2006）有更详细的论述。文章提出专有名词核心的关系从句都是非限制性的，如"写过《狂人日记》的鲁迅"；以修饰语依赖型名词为核心的关系从句都是限制性的，如"老张喜欢的儿子"；其他名词的关系从句都可能有两种理解，如"吃螃蟹的毛利人"。

然而，最根本的问题是，汉语中动词短语加"的"构成的定语，是不是必然就是从单句中提取一个论元关系化而来的关系小句呢？张伯江（2014）发现这样的例子：

*所以小时候就是想做一个好演员，做灯光开得*

---

① 屈承熹（2005）也把英语的非限制性关系从句翻译成后续小句。不过，大多数研究都只考虑前置关系从句。

**最亮的**演员，做一个唱大轴的领衔主演，有前途的演员。（叶少兰《岁月》）

画线句无法还原为"演员灯光开得最亮"或"灯光开得演员最亮"，说明该定语不是来自提取论元。类似的例子很多，如"销量最好的歌手""停车最难的超市""工作不好找的专业"等等。至于话题结构的关系化，可参考陈平（1996）和刘丹青（2009）。

张敏（2017）提出，严格的说，"的"字定语小句并不能算作关系小句，而是 Comrie 所谓的"泛名词修饰语小句结构（generalized noun-modifying clause construction）"，这在东亚语言中很常见。"的"只能说是泛定语标记。

所以，对"的"字定语位置的考察不能局限于印欧语眼光中的关系小句。

## 4.6  篇章与认知

以上介绍的研究基本上都聚焦在短语和句子的层面，而完权（2012b）将视野扩大到篇章。文章发现，虽然在短语内看，"的"字定语（包括关系小句）位置灵活，但是在篇章中这两种形式却各得其所。比如：

他不再思考旁的事情了，他昏昏沉沉地感到他**那身旧衣服**已不可能再穿了，**新的那身**也变旧了，他的衬衣破烂了，帽子破烂了，就是说，他的生命也破烂了。

在这个语境中，"那身旧衣服"不宜换成"旧的那身衣服"，"新的那身"也不宜换成"那身新的"。由此可知，带"的"的内涵定语和由指示词充当的外延定语的位置关系取决于语篇因素。定语位置对整个名词短语在篇章中的位置敏感，其认知基础是认知入场的当前话语空间对参照体的选择。（参看第8章）指示词定语在前，通常用于直指入场，也可代替回顾入场；在后则只适用于回顾入场。因此，前者使用频率高，其中的"的"字定语表现出描写性；而后者的使用频率低，其中的"的"字定语的描写充当了参照体，因此表现为区别性。

邢晓宇（2015）在此基础上做了更广泛的考察，亦可参考。

# 5 功　能

本章是前文已经涉及的限制性与描写性问题的延续，核心问题是探讨如何概括"的"的基本功能，主要的两派观点是"区别"说和"描写"说。

## 5.1　追问"区别"说

| | |
|---|---|
| ＊好好衣服 | 好好的衣服 |
| 好好一件衣服 | ＊一件的衣服 |

区别说的代表石毓智（2000）根据以上用例提出，个体量词和"的"不能同现，故可据个体量词的用法推断"的"的功能是从"一个认知域中确立出成员"。

此说有不少反例。个体量词也可带"的"："108 只的白鹭鸶""七八棵十来棵的橘子树"。（刘丹青 2008）"别"的词汇意义已经表达了区别，却非得带上区别性标记"的"。（陆丙甫 2003）典型的确立成员的指别性

词语"这、那",却偏偏不能带"的"。（王冬梅 2009）

论证亦可商榷。"从一个认知域中确立出成员"的逻辑前提是首先要存在一个认知域"Y"，但"X 的"却可以单用，并不需要"Y"。一个可能回答是"Y"被省略了。然而"Y"常常并不明确，甚至无法补出，亦即"Y"并不存在：

> 真有你的 ［？］。（吕叔湘 1962）
> 他和骆驼都是逃出来的 ［？］。（朱德熙 1966）
> 你不能走了就算完事的 ［？］。（赵元任 1968）

另外，在"X 的 Y"中，"X"和"Y"到底哪个是认知域，文中表述也有自相矛盾之处。

## 5.2 扬弃"描写"说

描写说的代表陆丙甫（2003）提出"的"在语义平面是描写性标记；在语境中派生出区别及指称功能。因为对事物进行描写，能够帮助指称这个事物。（朱德熙 1956）陆文注意到描写和指别的相关性，是一大进步。但文中也有一些问题：

关于"的"的分合。陆文推导的出发点是合三为一的"的"，并提出因为区别性的"底"（的$_3$）的区别功能弱化（不能再出现在指别词后，"这的"渐渐消失），由此得出"的"是描写性标记的论断。

朱德熙（1993）在方言材料中发现状态形容词作定语也要名词化，因此普通话中状态形容词作定语时后附的不只是描写性的"的$_2$"而是"的$_{2+3}$"，实质是"的$_3$"兼并了"的$_2$"。

近代汉语中也有大量的例子，说明作定语的状态形容词可以采用加合式，如"恁地（的$_2$）底（的$_3$）事"；也可以采用置换式：

**作么生是你明明底（的$_{2+3}$）事？　（吕叔湘 1943）**

因此，"底"的功能变化不是区别性弱化，而是兼容了描写性。如果把区别性和描写性看成对立的一组概念，那么描写性的增强就意味着区别性的减弱。可是，如果区别性和描写性并不对立呢？

陆丙甫（2003：24）说到描写性和区别性相对立的表现之一是"漂漂亮亮的"等状态形容词"反映说话者的主观感情色彩，难以被听话人作为区别的标准，所以就不能代替名词"。不过，吕叔湘（1962：注4）即已发现下列用例：

走近细看，头发，头发，这毛蓬蓬的全是头发呀（林斤澜《发绳》）

这地，俩牲口也拉不动犁杖。怕得使三个，还得是棒棒的。（林斤澜《春雷》）

吕文同时也指出这种情况不多，且多伴随指示词或数量词。

可见，要坚持描写和区别相统一的原则，还得梳理一下相关术语。

## 5.3  区别性、描写性

吕叔湘（1943）说："唐宋时代，区别性（qualitative）加语之后用底，描写性（descriptive）加语之后用地。"接着说"区别性"是"区别属性""举实质"的意思，是属性定语，如"我底学问如此"；而"描写性"是"道形貌"，是对重叠、双声、叠韵等词汇的语义概括，如"诮满眼汪汪地泪"。

所以吕文只考察"底"和"地"前词语词汇意义的区别，并不考察"X 底"和"X 地"的区别以及包含"底/地"在内的整个定语的功能。"X"无论是否在"底/地"前作定语（我/眼汪汪），无论是否有"底/

地"（我底学问/我学问），其意义类别都一样。如果由
此把定语分为区别和描写两种，是忽视"的"的存在，
混淆了"X"和"X的"的句法差异。

朱德熙（1956）认为形容词可分成限制性（即区别
性，张敏 1998）和描写性两类。这种意义分化对应于形
容词的结构分类：简单形容词是区别性的，而复杂形式
的形容词是描写性的。可见，朱文把这两个术语用于形
容词分类上，而不是对定语分类。

既然在吕叔湘、朱德熙二位先生那里这对术语并不
针对"的"，那么要使用它们研究"的"，就必须重新
定义。但如果仍在词汇语义的层次上使用"区别"和
"描写"这两个术语，就会遇到一个难题：同一个修饰
语，有时是区别性的（粉红的裙子），有时是描写性的
（粉红的桃花）（范继淹 1979）。看来，"的"和所附实
词词汇语义上的"区别"与"描写"关系不大。

## 5.4　限制性、非限制性；内涵性、外延性

刘月华（1984）的"限制性"是用在确定指称的
意义上，所以黏合式定语被朱德熙归入限制性定语，
却被刘月华归入描写性定语。张敏（1998）对此有很
好的评述，他和陆丙甫（2008）都认为"限制性"

"没有明确所限制的对象（外延、内涵皆可），因此也有缺陷"。

陆丙甫（1988）提出用外延性和内涵性来代替区别和描写，这得到张敏（1998）等的支持。有的定语修饰中心语的内涵，而有的定语限定中心语的外延，这个区分看似明确，但实际上二者并不可能截然分清。比如，"勤劳勇敢的中国人"中"勤劳勇敢的"就有内涵和外延两解（唐正大 2005）；"这样的人"中"这样的"是修饰内涵还是限定外延也很难说清。内涵外延跟定语语义有关，而跟"的"的作用无关，所以此说对辨识"的"的功能也无用武之地。所以，陆丙甫（2003）又回到区别和描写上来。

陈玉洁（2009）看到了陆丙甫（2003）术语使用的问题，提出应把"区别"和"描写"留在语义层面，这是对的。但她使用 Givón 定义的"限制性"和"非限制性"："限制性修饰语缩小所指的范围，……而非限制性修饰语用更多特征来丰富对所指的描写，并不缩小所指的范围"，实际上又和外延与内涵差不多了。而且，在只考虑形容词定语的情况下把区别性和分类性等同起来，导致其结论适用范围不广，比如不能说"这/那本书"和"一本书"也是分类性的。分类性是规约的结果，而区别性虽然可能成为规约的条件，却未必就是。

而且,"分类性""命名性"和"称谓性"等其实仅适用于复合名词,其中不用"的"。(参看第3章)

石定栩(2010)认为,"定语一定会改变中心语所表示事物的范围,也因此一定是限制性的"。这是以集合论的观点来看待"X的Y"中"X的"对"Y"的限制作用。此说不能回答这个问题:"木头房子"和"木头的房子"中,"木头"和"木头的"都缩小了"房子"的范围,那就都是限制性的,那么其中"的"的作用是什么?

## 5.5 述谓性

张敏(1998:243)另辟蹊径,论证"的"具有述谓性(predicative nature):"DdN 结构实际上包含着对D 概念和 N 概念的逻辑—语义关系的一个含义微弱的断定,如'N 是 D 的'或'N 是与 D 有关的'。"DdN结构陈述一个属性命题;述谓作用即对新信息的陈述,负载新信息的成分 Dd 自然具有述谓性;"强调""注重"意味也是 Dd 述谓性的反映。DdN 包含一个被陈述、被断定的属性命题。比如"这座金的山"包含着"这座山是金的"这个属性命题。但问题是,有一些"X的Y"转换成"Y是X的"后不自然:

辅导的材料　　?材料是辅导的

开车的技术　　?技术是开车的

可能是意识到了这点，该文提供了备用变换式"Y是与 X 有关的"，上例就自然了。但原本使用"Y 是 X 的"可行的例子，使用备用式却不自然了：

木头的桌子　　?桌子是关于木头的

大的树　　　　?树是关于大的

还有一个类型学证据也不利于此说。有的语言在要表达属性概念却没有适合的形容词可用时采取的策略是：陈述时，用动词形式表达属性概念；修饰时，则采用名词形式来表达，比如荷兰语（张伯江 2013a）。这说明跨语言的看，"X 的"的对应物并不一定是述谓性的。

## 5.6　重新定义"描写性"

完权（2012）提出有一种测试对各种"X 的 Y"基本适用：

问：你 V 什么样儿的 Y？

答：X 的（Y）。（＊X。）

问：你种什么样儿的树？　　答：大的。

问：你买什么样儿的房子？　答：安静的。

问：你喜欢什么样儿的衣服？答：漂漂亮亮的。

问：你买什么样儿的桌子？　答：木头的。

问：你用什么样儿的电脑？　答：这样的。

问：你爱吃什么样儿的菜？　答：妈妈做的。

问：你学什么样儿的技术？　答：开车的。

"什么样儿的"和"什么"不同。如果问"你想要学习什么技术？"回答"开车"自然。而问"什么样儿的"，则以"开车的"来回答较好。这说明"的"字定语在本质上不是进行陈述或断言，而是描述"Y"的特征"X"。

不管词汇意义中有没有描写性，都可以用于这个测试的回答。这说明描述"什么样儿的"，是在语用行为的意义上，而不是在词汇语义的意义上，和"X"是否在词汇意义上具有描写性或者具有何种程度的描写性无关。"的"的作用并不受制于"的"前词语在词汇意义上的描写性强弱与否。描写性强可以，比如"大大的房子"；描写性弱也可以，比如，"大的房子"；没有描写性也可以，比如"木头的房子"。回答必须要有

"的"。有"的"的时候，一般认为语义上描写性弱的性质形容词"大"也可以用于描述；没有"的"，语义上描写性强的状态形容词"大大"也不能用于描述。

词汇意义上的描写性和区别性都管不住所有用例，所以，如果还是要使用"描写性"这个术语的话，应当重述为：在坚持标记论原则的基础上，对"X 的 Y"而言，"的"表示"X 的"对"Y"进行"什么样儿的"特征描写，"的"是标记这种描写关系的标志。

至于什么是"描写"，关联理论的定义可以采纳：描写是言辞的用法之一，如果一段话所表达的思想是被言者当作对事态（state of affairs）的真实描述，那么这段话就是用作描写（Sperber & Wilson 1995：259）。

## 5.7　"的"的认知入场作用

自然语言是符号系统，要让它承载意义，就需要让符号和现实的认知场景相联系，这个过程叫认知入场。（张华 2010）名词短语的入场，表示交谈双方共同指别了某事物，双方语言系统中的型概念在主观认定的认知场景中在相同实例上达成指称协同（reference of coordination），传递了意义。名词短语的认知入场策略主要有：直指、量化和描写。描写入场的本质是借助特征描写引导听者的注意力指向由光杆名词表征的目标体，达到的效果和直指是同样的。"的"表示此前的特征描写被确立为参照体，言者认为这对听者而言是显著可感的，可以据此搜索其意指的目标体。（参看本书第2.7节）

描写性和指别性统一于"的"，是因为"一个实体越是内在描述另一实体的特征，就越有可能被用作参照体"（Langacker 1993）。换句话讲，所谓修饰，就是"借助属性的描述，向人介绍一个新的事物"（张伯江2013a：48）。人都是通过抓住特征来认识事物的，注意力总是聚焦于显著特征上。比如简笔画，两只长耳朵，就可以代表兔子；一个长尾巴，就可以代表松鼠。反映在语言中，对特征的描写就能成为识别事物的参照体；而通过参照体识别认知场景中的某个目标体（沈家煊、王冬梅2000），也就成为表征目标体的型概念达成认知入场的一种方式。

Langacker（1993）还指出，理解人通过参照体认识目标体的认知能力有两个角度，一是使用可以作为参照体的实体可以激发适当的激活区，二是通过勾勒（profile）对话双方都感兴趣的客体来聚焦注意力。这是一体两面。所以"的"具有提高参照体指别度的功能，最终提高了目标体的指别度，亦即通过标记描写关系而达成认知入场。这就是状态形容词后面需要"的"，并且在做定语时"的$_3$"能够兼并"的$_2$"的认知基础。用朱德熙（1993）的话来说，就是"状态形容词作定语的时候也必须名词化"。比如，"甜蜜蜜的$_{2+3}$糖葫芦"是用糖葫芦的描写性特征"甜蜜蜜"作为参照体①，言者认为这对听者而言是显著可感的，可以据此搜索其意指的目标体。

朱德熙（1956）认为"雪白的纸"中的"雪白"是描写性的，理由是它不具备"纸"的属性，没有产生新的类名。石定栩（2010）认为"鲜红的花"中的"鲜红"是限制性的，理由是它改变了"花"的范围。从认知入场的观点来看，两者都有道理，但又都不全面。朱德熙说的是修饰语词汇的描写性，石定栩说的是中心语的指称范围受到了限制，这是两回事。而在语境中，这是一个用"的"标示特征描写，突显参照体，并将目标体引入认知场景的过程。这个解释也适用于"粉红的桃花""火红的凤凰花"这样的描写性定语。（张伯江 2014）

就"的"而言，描写和区别（限制）分别是认知

---

① 朱德熙所谓的"名词化"在认知语言学看来其实是"提高指别度"。状态形容词的指别度不足以充当参照体，所以加上"的"提高指别度。参看本书第 6.5 节。

入场的手段和效果，分属识别过程的前后两段，所以，如果把二者对立起来，看做互补的关系就会陷入迷途；如果把二者当成同属于语义层面上的两种功能，因而可以互相转化，也显得简单化；如果认为两者没有显著的关联，恐怕是遮掩了事实；如果因为二者有联系就视其为上下位概念，庶几过犹不及。

# 6 名词化

　　谈到动词、形容词的名词化（名物化）① 问题的文献非常丰富。这在有形态表达的语言中不是一个多大的难题，有没有名词化一眼就看得出来。但是在汉语中，却好似一个理论的旋涡，让人纠缠其中难以脱身。一旦摆脱这个名词化旋涡，则可以发现，原来汉语和印欧语是如此不同。

---

① 有一些研究以不同的标准区分名词化和名物化。胡裕树和范晓（1994）认为名词化是动词在句法上转化为名词，而名物化是动词在语义上转化成"事物"义。石定栩（2004）认为动词或形容词在充当主宾语时，变成了"指称"的对象，是名词化；而以动词为核心的短语如果在一定的句法环境下发挥出名词短语的特性，是名物化。陆烁和潘海华（2013）则把广义名物化结构在词汇层和句法层分成了名词化、名词性名物化和动词性名物化。而伍雅清等（2015）则从分布式形态学出发，认为名词化即是指词根直接得到名词语类标签的过程，而名物化则是词根间接获得名词语类标签的过程。不过，朱德熙（1961a）中统称为名物化，而近来和"的"相关的研究中使用名词化的为多。因为这两个概念从来没有广为接受的确定含义，所以本章像朱先生一样也不区分这两个概念。

问题主要包括三个方面：一，动词、形容词直接出现在主宾语位置上；二，动词、形容词充当名词性"的"字结构的中心语；三，"的₃"作为名词化标记。第一点不是本书的主旨，但和第三点有密切联系；第二点留待第9章；本章主要谈第三点。

## 6.1　朱德熙论名词化

汉语和印欧语语法上的显著区别之一，是汉语的动词和形容词可以直接作句子的主语或宾语而无须改变形式。有观点认为这时的动词、形容词已经转化为名词，20世纪50年代国内的"名物化"，其后国外的"零形式名词化"等都是代表。朱德熙（1961a）对名物化说做过很好的剖析，指出汉语的动词、形容词直接作主宾语时并没有经过什么词类转化。"所谓'零形式名词化'，对于汉语来说，只是人为的虚构。"（朱德熙1983）因为零派生只能对少量动词而言，如果说绝大部分的动词都要零派生，那就跟说绝大部分动词都要名词化一样，是多此一举。

朱德熙（1961b）在把"的"分析为三个语素时，为了避免对性质的争论，把三个"的"统一称为"后附成分"，"的₃"是"名词性语法单位的后附成分"。但是，这并没有解决问题。

到了朱德熙（1983、1989），朱先生开始正面回答这个问题，认为汉语的动词、形容词本身可以做主宾语，也可以名词化后做主宾语，这个名词化的标记①就是"的₃"。"的₃"附加在 VP 后时，原来表示陈述（assertion）的 VP 就转化为表示指称（designation）的"VP 的"了。

名词化可达成两类语义功能：自指（self-designation）和转指（transferred-designation）。自指意义只跟谓词自身的意义有关，而转指意义则跟谓词蕴含的对象相关。关于自指和转指的讨论，我们第 7 章详谈。

本章关注的是，在语法层面上，"的₃"是否确实具有名词化功能。基于对"的₃"的认识，朱德熙先生坚持认为"X 的₃ Y"中"X 的₃"是名词性成分，而 Y 也是名词性成分，那么"X 的₃ Y"就是同位性偏正结构。同位性偏正结构在现代汉语各类名词性偏正结构里所占的比重极大。除了名词直接修饰名词（NN）和形容词

---

① 陆宗达等（1954：62–63）即已把"的"称为"造名词用的词尾"。词尾说的问题是，朱德熙（1961b）描写过，"的"不仅可以附着在词后，还可以附着在短语后。改为标记说就可以避免这个麻烦。"的"的这个表现符合附缀（clitic）的特征。（参看刘丹青 2008b，张斌 2013）

直接修饰名词（AN）① 之外，几乎全都是同位性的。
（朱德熙 1993）②

## 6.2  袁毓林的进一步讨论

对朱德熙上述理论的一个经典质疑是："木头的（箱
子）""木头的性质"中"木头"已经是名词了，为什么还
要名词化？朱先生自己也意识到了这一点，他的解释是
"的"不仅有名词化的功能，还有语义转化的功能。可
是，这就等于说这里的"的"不是名词化标记，而仅仅
是语义转化标记了。那么很自然的一个问题就是：这种名
词性成分后头的"的"的语法功能是什么呢？

袁毓林（1995）试图回答这个问题，他运用谓词隐
含理论提出了汉语偏正结构只有转指没有自指的观点。
所谓谓词隐含指的是，"游泳的姿势"中隐含有一个谓
词"造成"，完整的结构是"游泳造成的姿势"。这样，
名词定语中也可以补充出谓词来，"塑料（做成）的拖
鞋""塑料（具有）的弹性"。所以，不管外在的定语

---

① 朱先生认为，此类组合极不自由。而按本书第 3 章的讨论，
它们都是复合名词，而"X 的₃Y"是短语。

② 关于同位结构的最新研究可参考刘探宙（2017）。

是名词、动词还是形容词，其实都隐含了一个谓词，并且由这个谓词发挥作用，都可以比照"VP+的"来作转指分析。这就统一了可称代的、不可称代的"VP+的"和"NP+的"中四种"的"的功能，它们都是名词化标记，语义功能都是转指。

谓词隐含说招致了一些质疑。崔应贤（2004）认为，谓词的添加要么太过啰唆，要么不太自然，要么不能保证添加前后语义的一致性，要么存在多种可能，因此谓词隐含的确认带有随意性。只有表领有关系的"$NP_1$+的+$NP_2$"和部分"VP+的+NP"才隐含谓词。吴长安（2006）对谓词隐含说也持怀疑态度，提出三个问题：一，上述两种"的"字偏正结构中是否都隐含谓词？为什么？二，为什么有些隐含谓词能出现，有些通常不出现，而有些不能出现？三，为什么会有多种解释？宋作艳（2014）尝试对这些问题做出回答，但也依然有继续讨论的余地。

朱德熙的理论中另一个有待解决的问题，就是句末的"的"。朱德熙（1961b，1978）用插入"是"后得到的不同变换式论证了这就是"$的_3$"。但是，依然面临两个疑问。

一，朱德熙（1978）认为"小王是昨天晚上来的"可以解释为小王是"昨天晚上来的人"中的一员，即

"的"字结构转指"[ ]昨天晚上来的"中的空位。这种分析有违很多人的语感。

二，朱德熙（1978）发现"是他先去买票的"这一类的句子中，如果把"他"看做"的"字结构的成分，那么就没有句法空位了，亦即自指。但是在朱先生的理论中自指的"VP的"是不能独立的。朱先生对此问题的解决办法建立在特设句型之上，说服力不够。

袁毓林（2003a）用全局转指概念解说这两个问题。"的"字结构"VP的"既可以局部性地（locally）转指 VP 中所缺位的论元成分，也可以全局性地（globally）转指由 VP 造成的事态或属性（property）①。这种全局性的转指相对于隐含的高层谓词而言，其实是局部性的转指。比如，"他开车的（技术）"看上去是全局性的转指，但是"［指导］他开车的（技术）"实际上是局部性的转指。这就厘清了自指和转指的关系：局部性的转指是转指，而全局性的转指是自指。亦即，自指是转指的一种特例。②

---

① 关于事态句问题参看第 12 章。关于该文中的焦点理论问题，参看袁毓林（2003b）。

② 然而，最新的进展是，吴怀成等（2017）以古汉语"者"为例，在名动包含理论的基础上论证了转指实际上是自指的特例。参看 7.6 节。

袁毓林（1995，2003a）对朱德熙理论的发展都着眼于语义功能，意在论述"的₃"在所有情况下都是名词化标记。

## 6.3 郭锐的反对意见

郭锐（2000）反驳了名词化标记说。该文承认名词化标记说相比定语标记说的优点是避免了"省略说"带来的麻烦（参看本书第5.1节），但是也遇到下面这些难以自圆其说的问题：

一，"X的"都能做定语，但并不都能做主宾语，只有部分转指的"X的"才有此能力。比如"**他学习外语的**能力"中"X的"不能作主宾语。

二，从实际语料来看，名词做主宾语的比例高于做定语的，但"X的"却正相反。

三，名词可以受名词、形容词、区别词的直接修饰，但"X的"不能。如：圆桌子／*圆新的。

四，作宾语的"X的Y"的核心Y话题化（进口的家用电器→家用电器他总买进口的）后，"X的"和Y的所指范围的关系变化难以解说。是交叉，还是包含？

五，在支持名词化理论的生成语法体系中，有些"X的"转指形成的"NP"在"X的"内部找不到空语类 Pro。

所以，该文提出"的₁"和"的₃"是饰词标记、修饰标记，这就避免了上述疑难。但是，此说也并非无懈可击，会招致新的疑问。

第一问：如果说名词、动词有必要饰词化后做定语，那么形容词为什么也要再饰词化后做定语呢？"白的纸""漂亮的姑娘"中"白""漂亮"本来就是饰词，不加"的"也一样是修饰，为什么还要再饰词化？

第二问：名词动词本来就可以不需要加"的"做定语（"木头房子""调查报告"），为什么非得有一个饰词化的过程呢？

第三问：文章没有涉及"的₂"，也是一个理论上的漏洞。状态形容词也能做定语，难道不属于饰词？如果是这个"化"又如何解释？

第四问：郭文主张"实际上根本不存在自指的'X的'，定语位置上的'X的'是饰词性成分，是修饰性成分，不是指称，而一旦做主宾语，就一定是转指。"那么，定语位置上的"X的"有没有指称？朱先生对"X的"名词性的有如下论证："'A的''D的''M的'① 的功能跟名词的功能基本上相当，所以'的₃'

---

① 用现在通用的符号，则是"A的""V的""N的"。

可以说是名词性语法单位的后附成分。"按照朱德熙（1961b）"X 的₃"不做状语补语，然而形容词是做状语和补语的，这样一来"X 的₃"的分布和形容词相比就缺失了一大块，这怎么解释？

第五问：饰词做主宾语不一定是转指意义：

> 叫你相亲你就去吧。**好**也行，**坏**也行，不去不行。

> **危险**就不去了？明知山有虎，偏向虎山行。

为什么"饰词化"了的"X 的"做主宾语却必须转指呢？

第六问：说饰词做主宾语是转指（"急性好治""有大有小"），实际上也就是说饰词做主宾语是指称化或者名词化，这难道不正是朱德熙（1961a）批评过的观点吗？

总之郭锐（2000）对名词化说的质疑有效，但替代方案却也需要面对以上一系列的质疑。

## 6.4　其他质疑

如果承认"的₃"是名词化标记，还会遭遇另一个质疑。跟"木头（的）房子"中"木头"本来就是名词为什么还需要名词化这一质疑类似的问题是，动词、形容词本来就可以直接做名词的定语，为什么还需要加"的"经过名词化这道手续？"在汉语里，语法成分做定语要不要名词化？很明显，这个问题的回答应当是否定的"。（项梦冰 1994）例如：

> 红花　漂亮姑娘
>
> 坐垫　调查手册

可以再补充说明的是，这个问题并不能用语义功能的转化来回答。

## 6.5　另一条思路

在"X 的 Y"中，"X 的"的名词性是由分布特征支持的，因而难以否认。问题在于，"X 的"的名词性是怎么来的？为名词化说辩护，道路会越走越复杂。有没有更加简洁的思路？有。那就是回到参照体结构上来（参看第 1 章和第 8 章）。

第 1 章提到从参照体结构出发可以把"的"分析为同一个语素。第 2 章讲到参照体结构由两个概念组合而成，所以分析为短语。本章这里要说的，其实是"X的"中的X何以成为参照体。

沈家煊等（2009）提出"的"能起到提高参照体指别度的作用。指别度的定义是：

> 说话人觉得，他提供的指称词语指示听话人从头脑记忆中或周围环境中搜索、找出目标事物或事件的指示强度。指示强度高的指别度高，指示强度低的指别度低。

在通常情况下，指别度高低由指称词语的客观状态决定，比如带指示词的比不带指示词的指别度高，代词比一般名词的指别度高，事物比事件的指别度高，性质比状态指别度高等等，但是，指别度的高低最终是由说话人主观认定的。所以，不能把"提高指别度"和"高指别度"混淆，前者是相对的，后者是绝对的。

认识到"的"在"X的Y"中的作用是提高了"X"的指别度以构成参照体结构，就可以理解"X的"的名词性了。沈家煊等（2000）论述了参照体具有高信息度、高可及度、高凸现度的特征（参看第8章），这些也都符合名词的典型特征。

提高指别度，并不等于就是名词化。"的"并没有改变此前词汇的词性，只不过"X 的"整体上在认知语用层面聚焦了注意力，使之具有充当参照体的能力。

提高指别度，可以是对于几无指别度的词而言，比如"漂漂亮亮（＊的）小姑娘"；也可以是对于较低指别度的词而言，比如"木头（的）房子"；也可以是针对本来词汇意义中指别度就较高的词，比如指代词"我"，比如"我的书"。定语词汇原本指别度的差异也带来了"的"字使用的差异。①

"的"能充当参照体标志，是因为位置后附，以及可能带来的停顿，把注意力指引到前面这个词上，暗示其参照体身份。

---

① "＊这的书"不成立的原因，是"这"表达现场直指，指示对象是"书"，采用直指入场方式的"这书"和"的"的描写入场方式混用会导致冗余。另外，"这儿的书"能说，是因为"这儿"的指示对象是方位而不是"书"本身。

# 7　自指和转指

关于自指和转指的语义分析是朱德熙先生"名词化"理论的重要组成部分。

## 7.1　朱德熙论"自指和转指"

名词化也会带来语义功能的变化，从陈述转化为指称。这种转化可以发生在构词层面，也可以发生在语法层面。从意义看可分为两类：自指和转指。自指是单纯的词类转化，语义保持不变；而转指不仅词类转化了，意义也发生了明显的变化。

"的"既是自指标记"的$_s$"又是转指标记"的$_t$"。

自指的"VP 的$_s$"不能离开中心语而独立，"VP 的"不能指代中心语。转指的"VP 的$_t$"可以离开中心语而独立，指代中心语。转指的"VP 的$_t$"可以表示的意义范围很广。它可以指动作的施事，也可以指受事、与事、工具等等。例如：

施事：游泳的丨开车的丨坐在主席台上的

受事：新买的丨小孩儿画的丨从图书馆带来的

与事：你刚才跟他打招呼的（那个人）

工具：吃药的（杯子）丨我开大门的（那把钥匙）

转指的"VP 的"中有句法缺位。"游泳的（人）"可以还原成"人游泳"，就可以认为"的"从相应的句子里提取了主语"人"。"小孩儿画的（画）"可以还原成"小孩儿画画"，就可以认为"的"从相应的句子里提取了宾语"画"。同样的分析用于古汉语的"者"和"所"，可以发现"者"只提取主语，"所"只提取宾语。

朱德熙（1983）的"名词化"理论可表解如下：

| | 自　　指 | 转　　指 | |
|---|---|---|---|
| 构词 | kind — kindness | write — writer | |
| | — | 骗 — 骗子 | |
| 语法 | 无缺位 that 从句 | 有缺位 that 从句 | |
| | **开车的技术**<br>**他用箱子装书的原因**<br>**扩大招生名额的问题**<br>**他给我写信的事儿** | 语法语义功能都转化 | 开车的（人）<br>装书的（箱子）<br>扩大招生名额的（学校）<br>他给我写的（信）<br>红的（花） |
| | | 仅语义功能转化 | NP 的：<br>木头的（房子）<br>我的（书包） |

借助这两个概念，对"的"字结构的语义构成进行精密的分析，这无疑是语法理论的重大进步。

## 7.2 关于自指的进一步探讨

自指的"VP 的$_s$"中没有句法缺位：

开车的技术 → *开技术、*技术开

也不能代替其核心名词：

他学会了开车的*(技术)。

朱德熙（1982：145）指出："值得注意的是这类偏正结构的中心语总是表示抽象概念的名词。"这个说法有一定程度的概括力。但是古川裕（1989）发现反之不一定成立，即不是所有抽象名词都能进入此格式，如"青春、隔阂、数列"等。而且有一些具体的名词也充当中心语，如：

他推车送信的**相片**
"茶钱先付"的**纸条**

据此，该文提出"VP 的$_s$"的成立条件是："VP 整体指明（补充说明）n 所包含的具体内容。"比如：

开车的技术 → 技术的内容是开车

书费要涨价的谣言 → 谣言的内容就书费要涨价

值得重视的是，这些例都和话题结构相关，而不是和论元结构相关。

## 7.3  关于转指的进一步探讨

袁毓林（1994）描写了一价名词的缺省及其语义激活的微观机制，进一步解释了转指的实现过程。文章观察到以下事实：

| A | B |
|---|---|
| 小王的爸爸→ * 小王的 | 小王的书包→小王的 |
| 刘伟的妻子→ * 刘伟的 | 刘伟的袜子→刘伟的 |
| 塑料的弹性→ * 塑料的 | 塑料的拖鞋→塑料的 |
| 爷爷的脾气→ * 爷爷的 | 爷爷的拐棍→爷爷的 |

A 组的核心名词是一价名词，不仅是句法上的中心

语，而且是语义上的支配成分，它要求支配语义上从属于它的配价名词，即"爸爸"不仅表示某种事物，还隐含了该事物跟另一事物（儿子）之间的某种依存关系。A组中的例子因为抽去了作为句法、语义支撑点的一价名词中心语，所以整个结构就散架了。有配价要求的名词作中心语，作为修饰语的"的"字结构不能指代中心语。

认知心理学中的"扩散性激活"概念可以解释这种现象。激活了亲属名词"爸爸"的语义结构后，就激发了"某人"这个确定亲属称谓的参照点。因为亲属名词一定要有明确的参照点才能确定其所指。

## 7.4  遭遇的质疑

项梦冰（1994）指出"的"和英语中的自指标记相比，有三方面的不同。

一，英语的自指标记只是加在动词、形容词后的词缀，而"的"还附着在名词以及多种短语之后。

二，英语的自指标记是强制性出现的，而"的"的隐现是可选择的。

三，英语自指标记众多，汉语只有一个"的"，没有同类，也没有明确的语法目标。该文最终把"的"称为"定中结构标记"。正如我们前面说过的，定语标记说无法解释没有中心语的"开车的"等于"司机"。

姚振武（1994）发现不依赖于"的"的转指在古今汉语都是能产的语法现象，比如：编辑、耕地、绑腿、同谋等等。并且指出这和朱先生批驳过的"名物化"并不是一回事。在这种情况下，谓词性成分意义发生了转指，而且其中一部分的功能也变得与名词相同了。

该文意在以此反对朱德熙说的"凡是真正的名词化都有实在的形式标记"。不过，吴怀成等（2017）指出，用动词不加标记的转指来反驳，并未抓住关键：朱先生是为了反对"零形式的名词化"才那么说的，而姚文实际上是要论证汉语有"零形式的名词化"。

## 7.5  转指和转喻

沈家煊（1999a）开创了一条认知语言学的新路子，比以往关于"的"字结构转指的论述有更强的概括和解释力。

文章首先论证转指是一种"语法转喻"。文中把"X 的 Y"中的"X 的"统称为"的"字结构，不管 X 是谓词性还是体词性成分。"的"字结构脱离后头的中心语独立并指代中心语，这叫"的"字结构的"转指"如"开车的（人）""小王的（书包）"。

　　"转喻"（metonymy）又叫"借代"，通常认为是一种修辞手法，而认知语言学却认为：转喻不是什么特殊的修辞手段，而是一般的语言现象；转喻也不仅仅是语言现象，而是人们一般的思维和行为方式。我们的思想和行为所依赖的概念系统从根本上说都具有转喻的性质。比如一位退休职工说："回到单位，见到的尽是新面孔。"用新面孔指代新人，那是因为人们一般先通过观察人的脸相来辨识人。

　　语法中的"转指"本质上就是"转喻"，是转喻这种一般的认知方式在语法上的体现，可称之为"语法转喻"。转喻有自身的规律，转指的规律也就跟转喻的规律本质上没有什么区别，因而转指受一般转喻规律的制约。

　　转喻有其一般的认知模型，这个模型也适用于"的"字结构的转指。该模型可描述如下：

　　① 在某个语境中，为了某种目的需要指称一个"目标"概念 B。② 概念 A 指代 B，A 和 B 须同在一个"认知框架"内。③ 在同一"认知框架"内，A 和 B 密切相关，由于 A 的激活，B（一般只有 B）会被附带激活。④ A 附带激活 B，A 在认知上的"显著度"必定高于 B。⑤ 转喻的认知模型是 A 和 B 在某一"认知框架"内相关联的模型，这种关联可叫做从 A 到 B 的函数关系。

　　试以"壶开了"为例解释以上认知模型。"壶开了"可以说指"水开了",用壶(概念 A)转喻水(目标概念 B)。壶和水同在"容器和内容"这个认知框架内,两者密切相关,概念壶的激活会附带激活概念水。壶在认知上比水显著,因为壶是看得见的,而水在里面看不见,水开时我们看到的是壶嘴直冒气、壶盖砰砰跳。可见的比不可见的显著,这是一般的认知规律。

有两个认知语言学概念需要特别解释一下,认知框架和显著度。

认知框架,是人根据经验建立的概念与概念之间的相对固定的关联模式,是心理上的"完形"(gestalt)结构,完形结构作为整体比它的组成部分在认知上反而简单,也就是容易识别、记忆和使用,这已经得到许多心理学实验的证明。常见的认知框架比如:

| 认知框架 | 实 例 | 转喻/转指 |
|---|---|---|
| 容器—内容 | 壶和壶中的水 | 壶开了 |
| 领有者—领有物 | 学生和书包 | 小王的(书包) |
| 物体—形状 | 女孩和胖瘦 | 苗条的(姑娘) |
| 当事—行为/经历 | 宝宝会哭 | 老哭的(孩子) |
| 施事—动作—受事 | 老张开车 | 开车的(人) |
| 施事—动作—结果 | 小宝写字 | 小宝写的(字) |
| 施事—动作—与事—受事 | 玲玲送老师一束花 | 玲玲送老师的(花) |
| 施事—动作—目标—受事 | 老张把书放在箱子里 | 老张放书的(箱子) |

　　显著度决定了谁转喻谁。A 转喻 B，A 和 B 除了必须在同一认知框架内，A 还必须比 B 显著，A 能附带激活 B。用显著的东西来转喻不显著的东西是一般规律。转喻的显著度效应在日常生活中十分常见。

　　一般情况下，整体比部分显著（因为大比小显著），容器比内容显著（因为可见的比不可见的显著），有生命的比无生命的显著（因为能动的比不能动的显著），近的比远的显著，具体的比抽象的显著，恒久性状比临时性状显著等等。重音、指示等方法可以提高显著度。语境对显著度也有一定的调控能力。

　　反映在"的"字结构上，就出现如下的不对称：

　　　出版的（书）　　　*书的（出版）

　　　建造的（桥梁）　　*桥梁的（建造）

　　　聪敏的（孩子）　　*孩子的（聪敏）

　　转喻说还可以覆盖解释"一价名词"说。比如：

　　　头发稀少的（老人）

　　按一价名词说，转指成立是因为"头发"是一价名词，以"某人"为配价。这里涉及的是"复合认知框架",由两个子框架组成,一个是"整体—部分"(老人—头发),一个是"物体—性状"(头发—稀少),"头发"是共有成分。然而也还有不是一价名词构成的例子:

> 两个人合住一间的(客房)
> 九十块钱一桌的(酒席)
> 百年难遇一次的(地震)

这里也有复合认知框架,由一个"数量分配"子框架和一个"事物—数量"子框架构成。看来,一价名词所说的正好是一种特殊的认知框架。

转喻说还有一些和转指相关的后续讨论。王海峰(2004)依据转喻说对姚振武(1994)关于无标记转指的论述做了辨析,指出了无标记转指所受的制约。吉田泰谦(2011)提出转指性主语也是一种转喻用法。因为和"的"的关系不大,所以这里略过。

## 7.6　转指是自指的特例

朱德熙(1983)引入自指和转指概念是比附英语,从谓词性成分的名词化开始的。自指和转指是不同语义类型的名词化，二者在语义上对立，但在语法上统一。kind 变成 kindness，是自指式名词化；write 变成 writer，是转指式名词化。二者都是名词化。

但是这组概念却又不得不面对汉语中广泛存在的"NP 的"，所以只好承认，"NP 的""语义功能变了"但是"语法功能没有变"。应该说，朱德熙的名词化概念体系，已经不同于英语，在其中汉语的自指和转指是被词类割裂了的：

| 语法 ＼ 语义 | 自 指 | 转 指 |
|---|---|---|
| 非名词化 | NP 的$_s$ | NP 的$_t$ |
| 名词化 | VP 的$_s$ | VP 的$_t$ |

同样的自指和转指，在英语中统一于名词化，而在朱德熙的理论中却不统一。朱先生自己也看到了这个矛盾，并且尝试性的在"者"字上提出一个方案：自指归入转指。但是，吴怀成等（2017）发现这会导致陷入一种逻辑困境：如果将 VP 后的"者"定性为名词化标记，就无法将"者"统一为转指标记；如果要将"者"统一为转指标记，就不能将 VP 后的"者"定性为名词化标记。

袁毓林（2003a）也提出自指是一种特殊的转指，即全局转指。"的"字结构"VP 的"既可以局部性转指 VP 中所缺位的论元成分，也可以全局性转指由 VP 造成的事态或属性。当"VP 的"的 VP 中没有句法空位的时候，这种"的"字结构就是全局性转指的"VP 的"。比如，"小王昨天晚上来的"就是转指"小王昨天晚上来"这种事态或属性的；它可以修饰"事儿"等名词，形成同指性偏正结构"小王昨天晚上来的事儿"。不过，这个方案并不针对"NP 的"的非名词化问题，也就没有解决概念体系中的矛盾。

不过，以上两种方案的进步意义在于，都承认自指和转指的关系其实并非二元对立，而是包含关系。

最终，吴怀成、沈家煊（2017）在沈家煊先生的汉语词类包含模式的基础上提出了新的统一之道：转指归入自指。

第 6.5 节说过"的"的功能统一为"提高指称成分的指别度"，是指向"的"前成分的指称标记，也可以叫做"大自指标记"（记作"的 S"），不管"的"前是 NP 还是 VP，也不管语义上是"的$_s$"还是"的$_t$"。"的$_s$""的$_t$"在语法上都不是名词化标记，只有语义上的差别。所谓"转指"，意思是从自指的指称语变为所指不同的指称语，其前提是"指"。"指"，首先就是自指。"开车"加"的"转指开车的人，前提是"开车"首先自指"开车"这个行为

（"开车的时候"）。转指是（大）自指的一种特例，
图示如下：

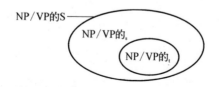

其中的语义关系如下：

的 S：[+提高指别度] [~语义有变化] ①

的<sub>s</sub>：[+提高指别度] [-语义有变化]

的<sub>t</sub>：[+提高指别度] [+语义有变化]

---

① "~"意味着不作规定，或者说特征值未确定。

# 8　参照体—目标构式

参照体—目标构式（reference point construction），是人类思维活动的基本认知结构，是语言中转喻的认知基础。认知语言学用它来解释词汇转喻、语法转喻和"的"字结构。

## 8.1　日常认知中的参照体—目标构式

"参照体"和"目标"在日常生活中也是一对常见而有用的概念。通过"参照体"的帮助而到达某个"目标"，是人们的基本认知策略。（Langacker 1993）比如告诉某人去某个他不认识的地方：

> 同时小声把吴胖子的地址告诉她，让去吴胖子家。"就在这院里，拐个弯儿见垃圾站一直往下扎。"（王朔《玩儿的就是心跳》）

在这个例子里，言者让听者去"吴胖子家"，而听者并不认识。怎么办呢？要帮助听者顺利到达这个"目标"，就可以借用"垃圾站"这个容易发现的"参照体"。在这个指引地址的认知活动中，"参照体"和"目标"都处于同一个地域范围"这院里"。"垃圾站"在"这院里"比较好找，并且和"吴胖子家"有密切联系（一直往下扎），因此适合充当帮助识别目标的参照体。这个地理路径的传达可以图示如下：

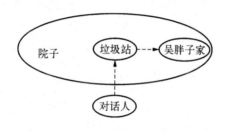

我们每个人都有能力触发一个实体概念作为参照点以建立与另一个实体的心理联系，即在心理上有意识的辨认出该实体。这种认知策略极为常见，再普通不过了，以至于我们常常忽略了它的存在。如果抬头仰望星空，看到北斗七星，从形象中比较长而显著的勺柄末端的摇光开始，经过开阳、玉衡、天权、天玑、天璇，直到勺子口的天枢，实际上就是经过了一系列的参照体和目标，这北斗七星就是认知域。如果再以整个北斗七星为参照体，顺着勺口从天璇到天枢的方向大约五倍距离，就找到了北极星。这时的认知域扩大到整个天顶。如果不是抬眼远望，而是闭目冥想，那么这种物理上的空间就转化为心理空间，一颗星一颗星依然有其认知的范域和距离。

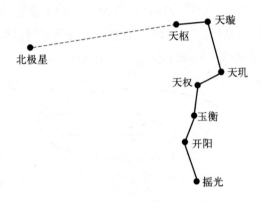

背诵字母表时，每一个字母都会唤起我们对下一个字母的注意，然而我们一般不会意识到这些字母其实就是参照体——不过是背诵字母而已。但是，如果要求你不按字母表的顺序把这 26 个字母每个一次且不重复的说一遍，对大多数人来说，就成了一个艰巨的任务。看来，离开参照体的帮助去找寻目标真是太不容易了，哪怕仅仅是 26 个字母！

大象无形。这种认知策略极为基础而重要，已经深入到人类认知机制的低层中，成为一种意象图式（image

schema, Johnson 1987, Lakoff 1987)。它对于人类认知和语言的重要性如同容器—内容,来源—路径—目标,部分—整体,中心—外围等图式一样。(Langacker 1993)

跟指示地理路径类似,心理上也有达及指称目标(target)的路径。我们想要指称的事物就是一个指称目标。要在目标域(dominion)中确认一个目标,也就是要经由一定的心理路径(mental path)建立与一个目标的心理联系,我们往往同样也要借助于一个参照体(reference point, Langacker 1993)。这个心理过程可图示如下。

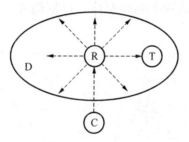

C = 概念化主体(conceptualizer)
R = 参照体  T = 目标  D = 目标域
---→ = 心理路径  (Langacker 2008:84)

参照体起到引导注意力到达目标上的作用,因而参照体必须具有相当程度的认知显著性,表现为相对于目标而言,具有较高的信息度、凸现度和可及度。(沈家煊等2000)并且,参照体和目标需要在同一个认知域中有密切联系。好比在前文指路的例子中,言者不能以院

子外面的大楼为参照体。二者的心理路径也不能太遥远，过远了就无法达及。二者心理路径的远近也可以使用可及度来表达。

当听说双方的注意力都聚焦到同一个目标上的时候，就形成了联合注意（joint attention），参与构成言语沟通的共同场景（common ground），交际目的便可以达成（Tomasello 2008：78）。因此"参照体—目标"结构式促进言语交际顺利进行的作用巨大。

## 8.2 语言认知中的参照体—目标构式

我们想要指称的事物是一个指称"目标"。要确定一个目标，也就是要建立与一个目标的心理联系，我们往往要借助一个参照体。比如，介绍人物的时候会自觉不自觉的用到参照体—目标图式：

> "你认识机械系的王平吗？就是跟你先生一届的那个上海人？"（白帆《那方方的博士帽》）

言者想知道听者是否认识言谈的目标"王平"，就借助听者的"先生"这个和"王平"有联系的参照体。这样一个借助"参照体"达及"目标"认知方式，表现在语言形式上，就是采用了"的"字结构"跟你先生一届的那个上海人"。因而可以说，"的"字结构是一种"参照体—目标"构式。

根据 Langacker（1993）的论述，话题结构、某些处所格、代词回指、词汇转喻和领属结构都可以用参照体构式来解释。

在领属结构中，以事物和限定词作为参照体的比较容易理解为参照体结构，如：

教堂旁边的自行车　　　湖中央的小岛

姑娘的头发　　　　　　茶壶的把儿

校长的办公室　　　　　这本书的重量

我的手表　　　　　　　他的堂兄

需要解释的是这些例子：

红的花　　　　　　　　红红的花

红纸做的花　　　　　　我用红纸做花的录像

性质形容词、状态形容词和各种动词短语充当的定语，为什么也能充当参照体？Langacker（1993）提供了这样的解释："一个实体越是内在地描述另一个实体的特征，它就越有可能被用作参照点。"换句话讲，这是因为特征比事物本身突显。

就英语而言，表达领属关系的介词 of，代表了两个实体之间的内在关系。内在性，可以是关于部分—整体的结构；可以是构成物体的材料和结构实体；可以是与另一个实体有关系的实体的描述；或者可以是事件和它的主要参与者之间的关系。所有这些领属结构的共同点是，一个实体被激活作为参照点，从而与另一个实体（被领者）建立了心理联系。比如：

    a. the back of the bus；the tip of my finger

    b. a bracelet of pure gold；a lump of coal

    c. a friend of Sheila；the mayor of San Diego

    d. the assassination of Lincoln

汉语也是如此。性质、状态、动作、事件，只要是关于目标体（被领者）的真实描述，就可以充当参照体，构成"的"字结构。在具体的语境中，参照体就把目标体引入了认知场景。如果从听说双方言语交际的角度来讲，随着联合注意的达成和言语场景的共同构建，恰当的参照体便使得目标体达成了认知入场。（参看本书第5.7节）

处所关系表达法是领属结构标记的一个主要历史来

源。据 *Oxford English Dictionary*，英语的 of 和 off 同源，都来自原始日耳曼语的 af-，也就是现代英语的 ab-，基本的语义是"分离"；而据江蓝生（1999），"的"的前身"底"则来自处所词的领格用法。从空间方所的地理关联，发展到心理空间中不同实体的联系，这是领属结构标记的一条普遍发展道路。而万变不离其宗的是其中的参照体—目标关系。

## 8.3　参照体的信息度、可及度和凸现度

参照体需要具有比目标体更高的信息度、可及度和凸现度。（沈家煊等 2000）

参照体的信息度（informativity）可以定义为：能为目标的识别提供可靠有效的提示信息的程度。（Taylor 1994）有关联的两个实体，信息度较高的适于充当参照体，我们可以对它作出较多的预测，反之则不然。通常情况下，我们说：

> 教堂旁边的自行车　　湖中央的小岛
> 姑娘的头发　　　　　茶壶的把儿

这都是因为目标是参照体的从属信息。我们一般不

会违反信息的流向而说：

> 自行车旁边的教堂　　小岛周围的湖
>
> 头发的姑娘　　　　　把儿的茶壶

　　除非某个场景中原本的目标体反而具有更高的信息度。比如一张照片拍摄的主体是小岛，占据了大部分画面，只有一小部分是湖面，这时大概就可以说"小岛周围的湖"了。

　　参照体的可及度（accessibility）可以定义为：相关的概念从记忆或环境中提取的容易程度。道理很简单：只有已经可及的概念才可以充当参照体来建立跟相关目标的心理联系。篇章中的话题（topic）就是可及度较高的成分（参看 Givón 1984）。①不适宜做参照体的 N 一般也不适宜做话题，试以名词谓语句来测试：

> 窗前玫瑰花。→　窗前的玫瑰花
>
> *玫瑰花窗前。→　*玫瑰花的窗前

---

① 篇章中的话题的可及度也会有高低的差异，并且序列出现的话题也会形成参照体关系链。沈家煊（2008a）采用篇章语料，论证了在"客观时间的距离"和"话题接续的距离"之间，必须建立一个"心理达及"的中间层次，并且心理距离才是最重要的。

前面马家沟。→　前面的马家沟

*马家沟前面。→　*马家沟的前面①

　　一般来说，信息度较高的可及度也较高，反过来可及度较高的信息度也较高。这是因为信息度和可及度都跟凸现度有关。从认知心理上讲，凸现度高的事物容易引起人的注意，反过来，人把注意力集中在哪个部分，哪个部分就相对凸现。提高概念的信息度也就提高了概念的"凸现度"。"把儿"前面加上指示词语"这种"，就等于用手指向一个把儿，吸引人的注意力，从而提高了把儿的凸现度。语境可以改变事物或概念的凸现度。"把儿的茶壶"一般不成立，但有一定的语境就可以成立。设想侦破刑警在现场发现一个茶壶把儿，就会问："这个把儿的茶壶在哪儿？"这显然是因为这种情形下"把儿"的信息度和可及度都提高了。

　　"参照体—目标"构式不仅适用于词语的结构还适用于语篇的组织。多个"参照体—目标"关系环环相扣，可以形成"参照体—目标"关系链。在话语中，随着一个个新目标的前景化，一个个旧参照体会渐次变得背景化。"的"会因处于"参照体—目标"关系链的不同位置而隐现。（参看完权 2010）

---

① 在"前面是马家沟"的对应意义上不成立。

# 9 "N 的 V" 的构成

"N 的 V" 结构①，以"这本书的出版"为代表，困扰了汉语语法学界几十年。问题有二：首先是"N 的 V"的构成及相关问题，这是本章的内容；另一个是向心结构理论难题，将在第 10 章概述。

## 9.1 内部构成

在不同的句法地位中，动词所体现出的动态属性（最主要的是时间方面）是不一样的。张伯江（1993）主要考察了动词在"N 的"制约下的语法性质。

该文发现除了单音节动词外，能进入该格式的动词种类很多：

**双音节动宾式：许童童的在场**

---

① 可参阅本丛书中王冬梅著《汉语词类问题》"绪论"中的相关论述。

双音节动补式：孩子的长大

双音节偏正式：人们的深思

熟语：他的谙知人性，洞达世情

他的不食人间烟火

但是，在考察动词前后的句法成分出现的可能性后发现，动词做谓语时的性质在"N 的 V"中实现得并不全面。

V 前：油田大火的持续燃烧（专职前加词）

法律部门的有意无意的纵容

李铠的不进后台① （否定副词）

掌权者的不肯认错（否定的助动词）

《法制报》的强硬干预（形容词）

情人的彼此想念（代词）

V 后：常四爷的爱大清国（名词宾语）

她的答应帮忙（动词宾语）

多种角色的塑造成功（补语）②

我的忽然又想起了祭书（体标记）

---

① 语气副词、范围副词、时间副词都不易进入"N 的 V"。

② "得"字补语不能进入"N 的 V"。

最后这一条例子，前后成分俱全，十分罕见，但却并不自然。这说明越是具有时间意义，就越是不适合进入"N 的 V"。

"N 的 V"能否成立的决定因素，是各类成分的表意功能。表示动作时间意义的语法特征，如动态助词、趋向补语、动量补语以及时间副词，最难出现在这个格式里，表示情态意义的某些副词和助动词也不那么容易出现。而与此二者无涉的成分才较少受到限制。①

詹卫东（1998b）发现"动作性"弱而"事件性"强的动词倾向于进入"N 的 V"。王冬梅（2002）则更进一步，考察了"N 的 V"中动词的及物性特征，发现动词越是具有高及物性特征，越不容易出现在该结构中，同样证明了"N 的 V"中的 V 的动词性或动作性较弱。

该文使用了八项判定及物性高低的特征，包括参与者、动作性、体貌、施力程度、瞬时性、意愿性、受事的个体化程度和受事所受影响的程度，通过对比某项特征有差异的近义词进入"N 的 V"的能力来进行判断。比如，"逃跑"的参与者只有一个，而"打跑"的参与者有两个，前者能进入"N 的 V"而后者不能：

① 任鹰（2008）也说明了"N 的 V"所排斥的成分基本上都是"完句成分"，这说明这个 V 已经不是谓词性、陈述性的了。

张三的逃跑 　　　　　 * 张三的打跑

再比如，单音动词比双音动词的动作性强①：

我们的寻找 　　　　 * 我们的找

他的信任 　　　　　 * 他的信

"着、了、过"在"N 的 V"中受限，但将来体和反复体却可以，因为它们表示的时间是无界的，时间性较弱：

这本书的反复出版 　　 * 这本书的出版了

他的惯于作弊 　　　　 * 他的作着弊

其他特征的表现依次如：

施力程度：他的要求 　* 他的强迫

瞬时性： 他的学习 　* 他的学会

意愿性： 他们的离散 * 他们的拆散

个体化： 她的爱祖国 * 她的爱这两个孩子

受影响： 领导的提拔 * 领导的提升

---

① 方绪军等（2017）考察了可能进入"N 的 V"的 30 个单音节动词，发现它们也都是"动作性"较弱而"事件性"较强，更接近于名词。

及物性是动词范畴化的典型表现，而"N 的 V"中V 的及物性无疑是较弱的。

## 9.2　外部环境

张伯江（1993）还考察了"N 的 V"结构在句子里的地位和作用，发现 V 为光杆动词或固定格式时，做主语和做宾语的机会都是常见的，而当 V 前后带上一些附加成分，整个"N 的 V"结构显得比较沉重的时候，做主语的倾向就十分明显了。这说明"N 的 V"往往表示已知信息。

詹卫东（1998a）对此作了进一步调查，发现在他的语料中"做主语的'NP+的+VP'偏正结构都是回指上文的陈述"。完权（2010）和王恩旭（2015）也都有更为详细的论证，从不同的角度说明了"N 的 V"的语篇回指功能。而回指用法中的 V，突显的都是事件性而不是动作性、过程性。

以上研究都重在做主语的"N 的 V"，而王冬梅（2010）另辟蹊径，将做宾语的"N 的 V"和谓语动词联系起来进行考察，同样发现，"N 的 V"的构成和现实性密切相关。一个事件的现实性越高，越容易被看成事物，则该事件越容易被编码成"N 的 V"构式。影响事件现实性的因素主要有：一，已发生事件比未发生事件的现实性强。比如：

> 我**知道**这本书的出版。
>
> *我**相信**这本书的出版。

二，实现可能性大的事件比实现可能性小的事件现实性强。比如：

> 我**期待**这本书的出版。
>
> *我**希望**这本书的出版。

综上，"N 的 V" 中的 V 更偏向于表现出名词性。

## 9.3 主谓插"的"说

那么，该如何认识 "N 的 V" 的性质？

在语法史上，曾经有多位学者（吕叔湘等 1952：第一讲第二节，黎锦熙等 1957：43 - 45，丁声树等 1961：6.4 节）都认为这可以理解为在一个主谓句中插入"的"字。然而这种看法是有问题的。

从前文揭示的现象来看，"N 的 V" 意在指称时间而非陈述动作，这和"NV"小句的功能恰恰是相悖的。

更为重要的一点是，"N 的 V"和"NV"主谓句并不能自由转换。前文所引王冬梅（2002）就提供了多种不能插入"的"的"NV"主谓句的例子。石定栩（2003）也指出，只要小句结构稍微复杂一些，就不可能在主谓之间插入"的"字了。比如：

　　　　这位记者她见过了。
　　　　*这位记者她的见过了。

石定栩（2003）还指出，有些"N 的 V"中删除"的"后也并不能还原成"NV"主谓句，比如"的"前不表示领属关系，而是定语小句或者形容词定语的：

　　　　我支持**李工所主张的在河底开挖隧道**。
　　　　*我支持李工所主张在河底开挖隧道。
　　　　我不支持**这种劳民伤财的挨家挨户拜票**。
　　　　*我不支持这种劳民伤财的挨家挨户拜票。

石定栩（2008）进而指出，中间加"的"后头是动词的结构不限于原先的主谓结构，还有大量其他的结构，例如：

**面向基层的扶贫帮困**应该持续下去。

**大家对于名物化理论的批评**都很中肯。

**报纸上说的坐航天飞机旅行**目前还无法实现。

这些划线的结构去掉"的"后也都难以或无法还原成主谓结构。①

这说明"N 的 V"并不能简单理解为在一个主谓句中插入"的"字。

## 9.4　名词化说和非限定动词说

尽管朱德熙（1961a）论证了主宾语位置上的动词仍然是动词，但后世仍不断有穿新鞋走老路的观点出现。

施关淦（1981）从向心结构理论出发，认为承认"这本书的出版"是名词性偏正短语和承认"出版"是动词这两点是相矛盾的，所以提出这个"出版"应视为

---

① 袁毓林（2010）对这些例子的基础形式和派生过程做了一些分析。

"动名词"或"名物化"（施关淦 1988），从而引发了向心结构难题大讨论。关于这个问题，将在第 10 章展开。

对名词化说最为执着的是生成学派。

一种观点是继承了上一节的主谓插"的"说。比如何元建等（2007），提出"N 的 V"名物化结构是以表领属关系的助词"的"为中心语的限定词短语（DP）。也许是意识到传统看法的不足，他略作扩展，认为"汉语名物化结构是从相应的主谓结构或述宾结构转换而来的"。这样就可以容纳进原本不太好解释的"理论的发展"（* 理论发展/发展理论）这样的例子。

关于生成语法的短语分析，我们留待第 10 章详述。这里仅需要明确一点，只要坚持认为"N 的 V"是通过某种形式的名词化转化而来，那么就需要首先回答好上一节的种种问题，然后才能展开论述。否则，再漂亮的理论都不过是空中楼阁。

其实石定栩（2003）早就用前节所述理由反驳了以上说法。他的观点是，认为"N 的 V"并未经历整体名物化，而是 V 首先名物化，然后再像真正的名词短语前面加上"N 的"定语。不过，这个说法将不得不面对朱德熙（1983）揭示的现实：所谓"零形式名词化"，对于汉语来说，只是人为的虚构。

"名词化"的道路走不通，"动名词"说再次改头换面粉墨登场。陈国华（2009）提出这类现象可以定性为名词性非定式谓词短语，因为它既有名词短语的限定语，其中心语又保留着谓词的重要特征，只不过是一个非定式谓词。其论证过程为：

一，"出版"是个动词，可以带定式标记。

二，在属格限定语（而不仅仅是"的"）的限定下，"出版"失去了一些谓词特征：不可带定式标记（＊这本书的出版了，＊这本书的会出版），不再能充当谓语（＊这本书的商务印书馆出版）。

三，"这本书的出版"除了对应名词化形式的"the publication of this book"，还可对应动名词形式的"the publishing of this book"或现在分词形式的"publishing this book"。汉语不必区分动名词和分词。

四，如果把带定式标记的谓词视为定式的，把不带定式标记的谓词视为非定式的，那么，谓词受到限定语限定时就是非定式的。

五，所以，"这本书的出版"可称为名词性非定式谓词短语，以区别于一般谓词短语。"出版"本身仍是谓词，仍可受副词修饰，但失去了谓词的一些特征，成为非定式谓词；由于限定语的限定，整个短语具有了名词性。

其实，无论是"名词化"说，还是"非限定动词"

说，都不得不承认"N 的 V"中的 V 具有名词的性质，所不同的只是，它们在从动词到名词的连续统上对应着不同的阶段。

| 连续统 | 词性 | 英　语 | 汉语 | 观点 |
|---|---|---|---|---|
| 动词性最强 ⇑ ⇓ 名词性最强 | 动词 | publish | 出版 | 朱德熙 |
| | 分词 | publishing | 出版 | 陈国华 |
| | 动名词 | publishing | 出版 | |
| | 名词 | publication | 出版 | 名词化 |

　　最明显的区别是，汉语无论出现在这个连续统的哪一处，都是同一个词形，而英语却有实实在在的词形变化。有趣的是，在英语词形相同的分词和动名词这一段，语法史上也素来聚讼不已。借鉴自拉丁语的传统英语教学语法是分作分词和动名词，但是学生常常难以分清。Quirk *et al.*（1985：1290）列出 14 个名词性和动词性各异的例子，也依然只能说明这是一个连续统，却无法划清两者的界限。最新的处理办法是索性统一称为 ing 形式或者动名分词（gerund participle，Huddleston *et al.* 2002），总之是认为这是同一个东西，这才反映英语的事实。

　　同样，汉语也应该如此，V 不管表现出强或者弱的动性或名性，都是同一个东西。问题是，应该统一叫做动词（朱德熙 1961a），还是统一归入名词（沈家煊 2007a，2016）。

按照沈家煊先生近十年来数十篇文章的论证，汉语的动词是名词的一个次类，或者说名动包含。名词的特征是［+指称］，［~述谓］①；动词的特征是［+指称］，［+述谓］。所以，动词可以叫做动态名词（沈家煊 2009a），或者干脆叫做动名词（沈家煊 2013）也无妨。

关键是需要认识到，是整个动词类都是如此，尽管作为名词的一个次类，动词有其特殊性，即它的典型功能是充当陈述语（谓语）。

那么，自然而然，"N 的 V" 就是 "N 的 N" 的一个小类。

## 9.5　"N 的 V" 就是 "N 的 N"

周韧（2012）旗帜鲜明的论述了 "N 的 V" 结构就是 "N 的 N" 结构。

文章首先论证了这样一个扭曲对应模式：

---

① "~" 意味着不作规定，或者说特征值未确定。

名词在主宾语的位置上可以比较自由的扩展，但在谓语位置上则相当受限；而动词不仅在谓语位置上可以比较自由的扩展，在主宾语位置上也一样。

| | 主　宾　语 | 谓　　语 |
|---|---|---|
| 名词 | 餐厅很干净。<br>这家餐厅很干净。<br>今天去的餐厅很干净。<br>餐厅里很干净。 | 今天春节。<br>*今天这个春节。<br>*今天热闹的春节。<br>*今天春节时。 |
| 动词 | 跑步有益身心健康。<br>慢慢地跑步有益身心健康。<br>跑了步就想睡觉。<br>跑不跑步关你的事？ | 孩子们跑步。<br>孩子们慢慢地跑步。<br>孩子们跑了步。<br>孩子们跑不跑步？ |

所以，名词的典型用法是充当主宾语，而动词的典型用法不仅是充当谓语还包括充当主宾语。这样的分布支持名动包含模式。既然 V 是 N 的小类，那么"N 的 V"也就是"N 的 N"的小类，或者说，"N 的 V"结构就是"N 的 N"结构。

正因为如此，"N 的 V"结构就和其他所有"N 的 N"结构一样，也是参照体—目标结构，在信息度、可及度和凸现度等方面表现出和"N 的 N"同样的特征。

（沈家煊等 2000）①

比如，因为定语提供了更多的信息，所以：

> ?制度的建立    社会主义制度的建立
> ?传统的发扬    革命传统的发扬

因为固定搭配的可及度较高，所以

> 追求真理    真理的追求（固定搭配）
> 追求莉莉    ?莉莉的追求（非固定搭配）

从认知心理上讲，凸现度高的事物容易引起人的注意，反过来，人把注意力集中在哪个部分，哪个部分就相对凸现。朱德写下回忆母亲的文章，对于他这个作者而言，写作时注意力首先集中在母亲身上，因此母亲较为凸现，就命题为"母亲的回忆"。然而，对于编者而言，注意力并不容易集中在作者的"母亲"身上，而是首先关注文章的题材——回忆录，因此，自然就把题目改成《回忆我的母亲》。

---

① 参看第 8.3 节。

# 10　向心结构难题

"N 的 V"结构，也引发了关于向心结构理论的大讨论。

## 10.1　问题的提出

布龙菲尔德定义的向心结构（endocentric construction）指的是，至少有一个直接成分跟整体的语法功能相同的结构叫向心结构。向心结构里跟整体功能相同的直接成分叫做这个向心结构的核心。

向心结构理论的另一种表述，也叫做语法结构的"中心扩展规约"（head feature extension），简称"扩展规约"：以一个成分为中心加以扩展，扩展后的结构的语法性质跟中心成分的语法性质一致。

朱德熙（1961a）论证了在"这本书的出版是有重要意义的"里头，"出版"仍然是动词，因为它可以受到状语修饰（"这本书的迟迟不出版"）。而整个结构是名词性的，因为它既不能作谓语，也不受副词修饰。

不过，施关淦（1981）从向心结构理论出发，揭示了这样一个矛盾：既把"这本书的出版"说成名词的性偏正短语，又认为其中心词（核心）"出版"是个动词，而且还不能说它是"名物化"用法的观点，是跟向心结构理论相悖逆的。

由此，引发了向心结构难题大讨论，绵延三十多年，新论不断。

## 10.2   标准的修订

朱德熙（1984）试图对向心结构的定义进行修订。因为"木头的房子"有两个核心，"木头的"和"房子"都具有和"木头的房子"同样的语法功能：

> 住木头的房子　住木头的　　住房子
>
> 木头的房子好　木头的好　　房子好

所以，有必要增加语义标准，把定义修订为：

向心结构指的是，至少有一个直接成分与整体在语法上功能相同、在语义上受到相同的语义选择限制的句法结构。向心结构中与整体功能相同并且受到相同的语义选择限制的直接成分是它的核心。

至于"N 的 V"，朱先生承认"N 的"不能指代"N 的 V"（"技术的进步"不能光说"技术的"），但是强调"N 的 V"和"N 的 N"仍有许多重要的共同点，可以看成一种广义的同构。

陆丙甫（1985）也试图对向心结构的定义进行修订，建议引进一条"规定性"标准：

如果结构体 AB 的功能取决于（不再等同于）A 或 B，则 A 或 B 就是核心。

这样，"N 的"和"V 的"就统一起来，以"的₃"为核心。这是最早的以"的"为核心的观点。

然而，施关淦（1988）却不认可这两种修订方式。

对于朱德熙（1984），施文认为引进语义标准跟向心结构定义不相容，这两条标准在朱文中时而合用，时而分用，没有一以贯之。而一旦两个标准合起来用，则会导致"N 的 V"是离心结构这样结论。

对于陆丙甫（1985），施文认为陆文提出的修订理由并不充分，存在误解。并且，"规定性"标准也不能取代原本的"等同性"标准，因为会导致割裂向心结构理论和扩展、替换等语法手段的紧密联系。比如"的"字短语，并不能认为是从"的"扩展而来，也不能用"的"替换整个短语。

吴长安（2006）也补充论述道，向心结构理论没能区分"定+名"和"状+动"，这是向心结构内部功能归纳出现矛盾的根本原因。

但是，项梦冰（1991）却不认为这是个矛盾，因为"N的V"只能做主宾语表指称，不能做谓语表陈述，实现的是动词表指称的功能，因此这个V并不一定非得解释为转化成了名词。这么说，是试图找一个两全其美的说法，既承认"出版"是动词，又维护向心结构的理论。然而，这实际上并没有真正解决问题，不过是把疑难推给了充当核心的动词，依旧要回答为什么汉语动词可以直接做主宾语。

## 10.3 理论的反思

在标准修订无效的情况下，有人开始质疑向心结构理论本身。

司富珍（2006）将"布龙菲尔德难题"归纳为两个方面："一是在有的向心结构里，中心语与其所在的整体的功能可能不一致；一是在离心结构里则有可能存在着'足以表现'整体语法特性的词类。"

陈国华（2009）则试图论证短语和短语核心不可能具有相同的功能。因为，短语和词是两个不同级别的语言单位，不是同一形式类，而只有同级、同类别的语法单位才具有相同的功能。

但是，黄和斌（2014）却分析指出，以上质疑其实都是对布氏"向心结构观"的误读。原文很详尽，此不赘引。有兴趣的读者尽可翻阅原文。

语言学理论并非不可以反思、质疑。但是，向心结构理论反映的是语言的"递归性"。"递归性"是人类语言区别于动物讯递系统的特性之一，是人类语言创造性能力的体现。只有承认"递归性"，才能解释为什么人类语言是"有限手段的无限使用"。放弃"扩展规约"就破坏了语言的"递归性"，也就谈不上人类语言的创造性。世界上的语言可以采用递归手段以外的其他手段来表达比较复杂的意思，比如"并置"，但是，终究不能违背"扩展规约"和破坏"递归性"。

## 10.4　中心的认定

随着生成语法理论的发展，对"核心"有了新的认识。在结构主义语法体系中，核心只能由能够充当句法成分的实词充当，本质上属于语义中心语；而在生成语法体系中，中心语可以是实词，可以是虚词，甚至可以是时、体、态等功能性成分，本质上属于句法功能中心语。有了这样新的中心语理论,对"N 的 V"的中心就有了不同的认定方式,即不再寻求 V 作为核心,而尝试把"N 的 V"的核心解释为"的"。

类似观点有很多种,主要包括 DP 说、*De*P 说和标记词说等。我们将在第 11 章详述,这里仅仅以 DP 说为例谈一谈把"的"当作中心语会遭遇什么样的问题。

DP 短语指的是限定词短语(determiner phrase)。DP 说的提出主要是出于理论概括性的考虑,要对限定名词短语和时态动词短语(IP)之间的结构平行性加以概括。比如下面这两个例子表现出的平行性:

<table>
<tr><td>商务这本书的出版</td><td>商务出版了这本书</td></tr>
<tr><td>商务的出版这本书</td><td>商务出版了这本书</td></tr>
</table>

图示如下:

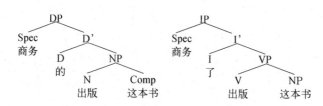

时态动词短语或小句 IP 是功能范畴 I(时态)对动词短语 VP 的扩展,限定名词短语 DP 是功能范畴 D

（限定）对名词短语 NP 的扩展。如果指定语 Spec 位置空缺，"这本书"就可以通过移位出现在这个位置上，得到"这本书的出版"和"这本书出版了"。

从树形图还可以看出这种分析法需要面临的最直接的一个问题：对汉语而言，把"的出版"跟"出版了"一样看做一个直接成分，这严重违背人们的语感。从朱德熙（1961b）起，后附成分"的"无论从韵律、语义、结构上看都应该跟前边的成分结合构成一个直接成分。以"的"为中心的分析带来了句法结构的韵律结构形式和句法结构形式之间的矛盾，周国光（2006）称之为括号悖论。陆俭明（2010）也通过分析论证了"的"只能黏附在领有者身上。

即使生成语法学者也有不认同这种语感的。邓思颖（2006）指出以意思非常虚的"的"为中心语缺乏语义的印证和支持；更可能的是"的"与之前的成分构成附加语，修饰"的"后成分。石定栩（2008）也有类似观点。李艳惠（2008）认为，"的"虽然在句法上像中心词，但是在短语结构上不具备中心词的特征，不能衍生出"的"短语，使所有包含"的"的短语都归于 DeP。

潘海华、陆烁（2013）从生成语法理论内部视角也发现了如下问题。一，没法区分"的"字前后成分的语义关系。二，对于有几个"的"的复杂结构，如"张三的李四的书",没有给出合适的处理办法。三,没有说明 DeP 和 DP 的关系。四,不能解释"的"后成分的省略现象。

周韧(2012)发现了另一个理论上的矛盾。如果以"的"为"N 的 V"中心,那么删去中心后,剩下的部分应该和原来整个结构的句法和语义功能相异,然而"木头的房子"和"红的花"这两种最常见的名词短语却不是如此。不过该文强调,并不排斥以"的"为"N 的"的(功能)核心。

总之,尽管生成语法似乎已经穷尽了以"的"为中心的种种思路,却依然没有找到完美的方案。

## 10.5 难题的消解

在认知语言学看来,"N 的 V"遭遇的向心结构难题很大程度上是一个伪问题,在结构主义和生成语法的范式中不可能得到真正的解决。

向心结构理论,解决的是通过派生手段组织起来的语言结构问题。然而,无论是构词还是组语乃至造句,汉语都比印欧语更多采用概念整合的手段。换句话讲,汉语不仅仅复合组词,还复合构语,也复合造句。

沈家煊(2006a、b,2007b,2008b)曾详细阐述过

汉语通过概念整合达成的糅合造句法。①沈家煊（2016）据此论述了"这本书的出版"的整合过程。

"指称一个事物"和"描述一个事件"可以截搭成"指称一个事件"。

"这本书的 N"（N 指称一"物"，如"封面""样态"）和"出版了这本书"（"出版"陈述一"事"）这两个概念整合截搭的产物，就是"这本书的出版"，它"指称一'事'"。

整合总是从两个概念各截取一部分进行截搭，两个概念各自要压缩掉一部分东西。"这本书的 N"的部分名性特征被压缩掉了（能说"这本书的迟迟不出版"），但它终究不能作谓语；"出版了这本书"的时态特征也被压缩掉了（不能说"这本书的出版了"），但"出版"毕竟还能受到一些修饰。最终形成的整合体"这本书的出版"就看起来成了一个矛盾的综合体。

"中心扩展规约"的前提是"成分能决定整体的性质"，因此整体的性质和中心成分的性质必定一致；而整合理论的前提是"整体的性质不完全决定于成分"，因此整合体不一定都能分析、还原为中心成分的扩展，

---

① 关于概念整合和糅合造句法，请参看本套丛书刘探宙著《说"王冕死了父亲"句》。

也不一定有这个必要。"大树"可以说是"树"的扩展,"大车"(牲口拉的载重车)就不好说是"车"的扩展;我们能说"一辆小大车",但是不能说"一棵小大树",因为作为一个整合体"大车"在结构和意义上都不等于"大+车"。

汉语和印欧语的差别在于:印欧语如英语 the publication of this book 的整合程度比较低,因此还能分析、还原为中心成分的扩展;而汉语里"这本书的出版"的整合程度比较高,因此不能分析、还原为中心成分的扩展。从这个角度讲,所谓"这本书的出版"违背"扩展规约"的问题也不再是一个真问题。

# 11 生成语法的探索

生成学派对"的"的研究很丰富，本章仅涉及和中心语理论大讨论有关的部分。

## 11.1 DP中心语说

程工（1999：188－189）最早把DP理论引到"的"字结构的分析中。此后，Simpson（2001，2002）和熊仲儒（2005，2017）都把"的"字结构"XP的（YP)"分析为以"的"为中心语的DP，尽管他们有很多细节上的不同。这类观点可图示如下：

a.

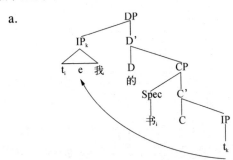

b.

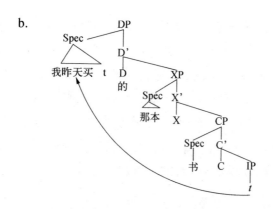

这些观点都必须假设"的"字结构从一个对应的小句派生而来，因此可能遭遇一些难以解释的例子。这些例子不是典型的提取主要论元的关系小句，甚至并不是由关系化而来的定语小句，都无法简单还原成对应的小句。比如，提取外围格的"面向基层的扶贫帮困"（石定栩 2008），无空关系小句（gapless RC，Cheng *et al.* 2009）"毒蛇咬的伤口""他写书的动机""他唱歌的声音"，某些从话题结构转变而来的定语小句"灯光开得最亮的演员""停车最难的超市"（张伯江 2012），以及同位语小句"多国部队空袭利比亚的消息"等。面对这些用例，如上图所示的分析方法就不适用了。

以"的"为 D，还必须承认"的 YP"是一个独立的句法结构。这无论是从语感（周国光 2006），还是从生成语法的理论内部（邓思颖 2006）来看，都很难令人接受。熊仲儒（2005）拿"的"和"之"类比，但这种类比其实缺乏比较的基础。两者一个后附一个前附，位置的差异决定了句法结构的不同。来源于指示词的"之"（刘丹青 2005：14）具有后附性，和"这、那"相似，分析为 D 也许是可行的，可是这个分析法并不适用于附着方向相反的"的"。试对比：

之二虫又何知（庄子《逍遥游》）

这（*的）二只虫又知道什么呢？

麟/之趾（《国风·周南·麟之趾》）

麟的/趾

石定栩（2008）指出此说最根本的问题在于它其实并不契合 X' 理论。按照经典的 X' 理论，核心应该与补足语处于低层，关系更为紧密，共同组成一个句法单位，作为一个整体发挥句法作用。而以"的"为 D 的结构分析违反了最基本的核心—补足语关系，即用来表示核心对于补足语的支配关系。所以，如果要找到一个合理的解释，必须重视"的"的后附性。

洪爽等（2017）也提出另外几点质疑。一，领属结构有被分析为 NP 的可能，比如"董事长的翻译"可以表示职位而非个人，这就不能理解为 DP 了。很难说通指和定指两解都是由"的"带来的。二，定语词汇意义带来的指称范围限制，也很难说是由"的"带来的，比如"女孩的自行车"可以指某一类女式自行车。三，Huang *et al.*（2008）把"这/那"分析为 D①，那么，如何分析指示词和"的"字结构共现的例子，比如"我的那个朋友"，多层 DP 分析在汉语中很难成立。

## 11.2  CP 说

同样是拿"的"和"之"类比，司富珍（2002）不满足于陈工的"的"字 DP 说，得出了"的"是 CP 核心的结论，并在其后多篇论文（司富珍 2004，2006，2009）中作出多方面论证并略有修正。此说的出发点是"N 的 V"结构，所以主张"的"的常规位置是在主语和谓语之间。

不过，熊仲儒（2005）指出此说并不能解释"这本书的出版"中"出版"的名词性。而且，因为有悖于常情，CP 说也受到了周国光（2005，2006）的质疑。这

---

① 洪文此处也列入张伯江（2010），但是张文标题为《限定性成分的语用属性》，文中仅称之为语用性的"限定性成分"，并不等同于句法性的 D。

种说法管住了动词中心语的用例，却管不住其实更为常规的名词中心语的用例。

因此，强调"这本书的出版"中"出版"的动词性似乎此路不通。然而，如果视之为名词，把"N 的 V"当作"N 的 N"（周韧 2012）来处理，放弃 CP 说，则可能通向另一条出路。

## 11.3  附接语说

为了寻求更广阔的解释力，邓思颖（2006）支持附接语（adjunct）说。石定栩（2008）对此进行了更为详细的阐述，"按照形式句法的惯例，定语应该附加在中心语上"。亦即，用下面的 b 结构图代替 a 结构图。

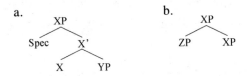

用附接语说反对"的"是 DP 中心语，虽然有其优点，但也有与其相抵牾的语言事实。

一，附接语说必须承认"的"是名词化标记，这就无法解释为什么名词也需要名词化："木头的桌子"。

二，面对"木头房子"和"木头的房子"这类用例，附接语说可以解释二者的相同之处，即都是修饰关系，但却不能解释二者的相异之处，也就不能说明同样都是修饰为什么后者需要出现"的"。

## 11.4　连词说

李艳惠（2008）的连词说提出 YP 是真空语类，而"的"本身没有词类因素，如同一般的连词。这样的处理可以在一定程度上解释附接语说所遭遇的难点，不过该文中所分析的例子实际上还是可以把 YP 补全为"东西"的，如"他深信自己和车都是铁做的（东西）"。然而，事实上还有一些连"东西"都补不出来的例子，如"大星期天的""你不能走了就算完事的""真有你的""您歇着您的""走他的，只当我没有过这么个丫头"。（参看第 5.1 节）这些用例表明"的"具有确定无疑的后附性。

再者，此说拿"XP 的（YP）"和英语中"A and B"作类比，可问题是"的"后附于"XP"而 and 前附于 B，"XP 的"成立而"A and"不成立。"的"也并不像 and 那样要求 XP 和 YP 同时出现。

这两方面的困难依然提示我们，不管做何种分析，都必须重视"的"的后附性并对此做出解释。

## 11.5 分类词说

郑礼珊和司马翎（Cheng *et al.* 2009）在他们以往研究（Cheng *et al.* 1998，1999）的基础上，提出了一个接近于传统 DP 分析法的 Specificity Phrase 短语结构，如下图所示：

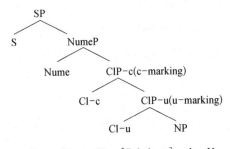

a. Dem－Nume－CL－［Rel clause］－de－N
b. ［Rel clause］－（de）－Dem－Nume－Cl－N

这种观点认为"的"出现在 DP 结构中，但不是 DP 中心语。基于"的"和数量短语的共性，该文把"的"定性为低指定分类词（underspecified classifier），其作用是标志出名词概念所指的个体实例。

"标志个例"和从认知语法的入场理论出发得出的观点有相似之处（参看第 5.7 节），但两者的论证过程和总体结论实在大相径庭。

该文的出发点和石毓智（2000）很相似，因此遭遇的问题也相似。

一，"的"有个体化的作用（有界化，沈家煊 1995），数量词也有（大河内康宪，1985/1993），但是凭借这个相似点就说"的"也是量词，让人觉得说服力还不够。

二，文章注意到了"*三的人"是错误的，却没有注意到"108 只的白鹭鸶"（刘丹青 2008a），"七百位的专业红娘"（珍爱网广告）这样的例子。模糊了"的"附着于前而数量短语的附着于后的句法结构差异。

三，"一件衣服"比"衣服"的区别性强，而"红红的花"却比"红花"描写性强，由此看来，个体量词和"的"的用法倒正相反。

## 11.6　传统 DP 分析法

刘礼进（2009）更为传统，打算回到 Abney（1987）的 DP 分析法上去：

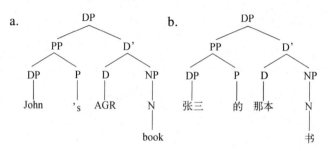

该文认为"的"充任各种语法标记，构成意义不同的"的"字结构，包括所有格标记、动名化／名物化标记、关系化标记、转指用法标记等，图示如下：

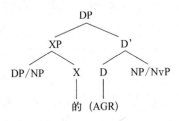

这样的分析简则简矣，但是却没有在一个普遍的语法体系中确定"的"的性质，显得大而化之。如果"的"充任格标记，它是后置词，如果充任名物化标记，它又是前置的（即 AGR 位置）——"的"没有固定的结构位置，简单就成了空话。这种性质不定的说法跟 *De*P 说很接近。

## 11.7 *De*P 说

为了给予汉语中"的"字结构一个一以贯之的解释，更为激进的做法是宁春岩（Ning 1995，1996）、吴刚（2000）和司富珍（2004）主张，把"的"看作一个特殊的功能语类。作为现代汉语中一个独立的功能语类，"的"的语类标记为 *De*。这个功能语类 *De* 只有一个成员，那就是"的"。这么做的用意是，*De* 的补足语是 ZP 而不是 NP，因此可以是 VP，可以处理"这本书的出版"。

但是，"核心—补足语"关系的本质是支配关系，必须是一个句法单位，但 *De* 和它的补足语没有支配关系，也不是一个句法单位。*De*P 说的问题在于特设性太强，也没有给"的"字结构一个确切的最终定位，并且还是不得不求助于 NP 或 DP 去确定 *De*P 的最终语类地位或身份。

## 11.8　前置介词说

完权（2015）比较分析了"的"和英语领格标记 -'s 的句法语义差异，发现"的"和英语领格介词 of 具有更多的句法语义平行性，因此提出更有理由用生成语法处理的 of 办法来处理"的"——把"的"视为介词，尽管 of 是前置词（preposition）而"的"是后置词（postposition），但它们都是介词（adposition，附置词）。①

---

① 其实黎锦熙（1924：212）即已提出"领摄介词"说。

文章还引入 Littlefield（2006：62）的半词汇语类介词理论，把"的"定性为功能介词（functional adposition）：[-N, -V, -L, +F]，充当前置介词短语"X 的"的功能核心，然后再和作为修饰语和名词短语核心 Y 进行组合。

如果后置介词说可以成立，并且承认汉语动词是名词的一个次类，那么"这本书的出版"中的"出版"本来就有名词性，没有"名词化"；"这本书"也没有"名词化"，避免了名词也需要名词化的悖论。"这本书的出版"中"书"和"出版"并不存在实质上的小句关系，"出版"并不给"书"赋主格。实际上，是"的"给"书"赋领格，而"书"和"出版"之间是主领格关系。"出版的书"和"书的出版"的结构也完全一样，只不过"出版"和"书"之间换成了宾领格关系。

$$[_{NP} \ [_{PosP} 出版的] \ 书]$$
$$[_{NP} \ [_{PosP} 书的] \ 出版]$$

这样的分析更为简化，并且可以获得和附接语说（邓思颖 2006，石定栩 2008）同样甚至更广的解释力。

## 11.9　Larson 的"大名词"方案

前人的追求是，一个能够解决"的"字结构的中心语问题的理想方案，必须做到：一，理论自洽；二，覆盖更多的语言事实；三，以简驭繁。但是前人的探索也说明，目前的方案都还没有能真正符合这个标准。

在生成语法框架内有这么多方案却没有解决问题，我们就应该反思它们的共同基础"名动分立"的假设很可能是有问题的。在"简单原则""追求单纯"这条方法论原则面前，任何理论假设都可以放弃。

朱德熙先生当年把"的"定性为"名词性成分的后附标记"，这就把带"的"的定语一律看作名词性成分，"红的花""买的菜"里的定语"红的""买的"都被认为是名词性成分。这在当时是一个创见，曾任国际中国语言学会会长的余霭芹教授对此有很高评价。但是，带"的"成分是名词性的，可能有两个原因，由"的"导致，或本来就是。朱先生晚年走了第一条道路，把"的"定性为"名词化标记"，在"名词性成分名词化"（"木头的桌子"）这个悖论上就遭遇了种种难题，陷入了"名词化旋涡"。

其实，承认"木头的桌子"和"富的爸爸"中间的"的"都是名词性后附成分，除了"名词化标记"这个来自印欧语的选项外，还有另一条通途——提高指别度。也就是说，"富的爸爸"中"富的"不是相当于英语 rich，而是相当于 the rich。这样"的"就跟指别性的 the 相通了（转指更需要提高指别度）。这在英语中只是个别词的现象，因此处理成兼类合适；而在汉语中，整个词类都如此，因此处理成名动包含才符合实际。换句话说，动词本来就都是名词，那么"的"作为名词性成分的后附成分还有什么好奇怪的呢？

西方学者中，只有 Larson（2009）提出的"大名词"说（super-nominal）有类似的认识。Larson 是生成学派中的顶尖学者，以提出 Larson shell（或称 VP -壳）理论而著称。大名词说的提出，固然是拿汉语和伊朗语族比较的结果，但是也和生成语法的框架已经认识到"that-关系小句"是名词性的有关。

伊朗语族诸语言的类型有 Ezafe 语言和反向 Ezafe 语言之分。（反向）Ezafe 位于 ［+N］ 核心及其 ［+N］补足语或修饰语之间。和英语的两种领格类比，Ezafe 就是一个超级 *of*，是一个在名词短语中核查其补足语的类介词附缀；而反向 Ezafe 就是一个超级 *'s*，是一个格关系一致化标记（case concordializer）。冠以"超级"的原因是，它们对核查或一致关系的词类要求相对于英

语都很泛化，名词、形容词、关系小句甚至一部分介词
都可以充当定语，而能进入中心语的也不限于名词，还
有形容词、量化词、补足语等等。当然，具体情况很复
杂，但都构成一个名词核心（nominal core）。汉语的名
词短语语序和反向 Ezafe 语言一样，对词类的限制甚至
更宽松。（参看第 4.6 节）所以，Larson 把"的"视为
类似于反向 Ezafe 的助词，并在前人的基础上提出，在
英语中实现为形容词、（部分）介词、关系小句①等的
成分，在汉语中都实现为名词，一种超级名词类。

　　尽管在对"的"的分析细节上还有很多值得推敲之
处，但是在"大名词"这一点上，Larson 和沈家煊先生
的"名动包含说"产生了共鸣。

---

① Larson 在文中还论证了汉语的关系小句是缩减的（reduced）、
　分词式的（participial）、非限定（nonfinite）的关系小句，实
　质上就是动词短语。

# 12 事态句

"V 的 O" 和 "VO 的" 句式，常常被称为 "是……的" 句，也有学者称之为分裂句。袁毓林（2003a）称之为事态句（state-of-affairs sentences），即 "在事件句的后面加上虚词'的'后" 造成的 "说明事态的判断句"。典型的例子有：

> （是）小王第一个跳的。
> 小王（是）第一个跳的。
> 我（是）在中山路上车的。
> 我（是）在中山路上的车。

对这个 "的" 的性质和功能的讨论非常多，分歧也很大。

## 12.1 "的" 字判断句

句尾 "的" 最早被认为是语气助词（黎锦熙 1924，

王力 1943），"V 的 O"中的"的"曾经被认为是动词词尾或时体助词。但是，朱德熙（1978）发现这两个句式中的"的"有很多一致之处。文中提出下面这五种判断句式都可以省略其中的"是"，意思不变：

> 我（是）昨天来的
> 他说的（是）上海话
> （是）我请他来的
> （是）谁开的电灯
> 我看的（是）郭兰英演的

而且它们的否定形式也都一样。可见，"我昨天来的""我请他来的"中的句尾"的"并非语气词，不能分析成句末带语气词的主谓句：

> 我昨天来 | 的　　　我请他来 | 的

而应该分析成"的"字结构作谓语：

> 我 | 昨天来的　　　我 | 请他来的

针对"V 的 O"中的"的"，朱德熙举出下面的例子：

　　　　我给（他）的零钱。（我给他的是零钱）

　　在"给"这样的三价动词句中，间接宾语可以在句子中实际出现在 V 和"的"之间，那么，显然就不能把"的"解释为前边动词的词尾。

　　朱先生的结论是，这些"的"就是"的₃"。该论文奠定了后来研究的基础，"一般不考虑'的'字居尾和前置用法二者的区别"（李讷等 1998）成为学界多数学者的共识。

## 12.2　　"时体助词"说

　　也有不同意朱德熙看法的。宋玉柱（1981）认为："你在哪儿学的蒸包子呀？"和"他昨天晚上什么时候回来的？"一类句子中的"的"跟"来着"一样，都是指明动作发生于过去的时间助词。马学良、史有为（1982）认为"你是哪儿上的车？"和"你是哪儿上车的？"一类句子中的"的"是"已然义"载体。史有为（1984）进一步明确提出，这种"的"是表示过去完成、过去实现的助词，应该称之为"时—体助词"。王光全（2003）使用对话语体材料，论证了"哪儿上的？"这个"的"是过去完成体标记，与"了"有明确的分工。林若望（2016）把此说修正为"的""传达了特定的时间意义，……是一个包含了说话时点的非未来时段"。

袁毓林（2003a）对这类观点作了批驳，出发点还是语言单位的"同一性"（参看第 2 章）。文章提出，如果不能证明"他是会对你好一辈子的"和"我早晚是要找她算账的"中的"的"跟上述例子中的"的"不具有同一性，那么"的"表示过去完成这类说法就站不住。因为，这种包含"会、要"等助动词的事态句，显然不表示已然义。而且，这种"的"还可以跟公认的体标记"了、过"甚至"着"共现。例如：

> ……真相一旦暴露，不齿于士林，因而自杀者也是有过的。（袁毓林 2003a，例 39）
> 可见，戏曲里的行当也是在不断变化、发展着的。（袁毓林 2003a，例 40）

李讷等（1998）从根本上分析了这个"的"不可能成为时体助词的话语动因："的"在这儿的作用是要确认一种活动而不是报道一个事件，这样的句子里当然就不可能出现报道事件所需的那些时体手段。这个论断的形式依据是，这些句子的否定形式只能用非事件的否定词"不（是）"，而不能用事件性的否定词"没"：

> 不是小王第一个跳的。　　＊没小王第一个跳的。
>
> 小王不是第一个跳的。　　＊小王没第一个跳的。
>
> 我不是在中山路上车的。　＊我没在中山路上车的。
>
> 我不是在中山路上的车。　＊我没在中山路上的车。

朱庆祥（2017）则根据沈家煊（2017）的句法平行性原则，论证林若望（2017）的标准过宽。不止"的"，"$了_1$/过/$了_2$/已经"等都能进入林文的论证模式，它们都能加入"昨天/今天通知你"，也都不能加入"明天通知你"。显然，这些标记性质不一，也就不能认为"的"表达的是"非未来时段"。

## 12.3　传信标记说

更多的学者在朱德熙先生的观点基础上进一步展开研究。李讷等（1998）的观点可以概括为传信标记说，值得继承和发扬的主要有如下几点：

一，框定三种主要句式。A 类，断定现实事件的责任者，如"（是）我去跟他谈的"；B 类，强调现实事件的条件，如"我是在路上遇见他们的"；C 类，对非现实事件的肯定，如"你会得肺癌的"。A、B 两类中"的"可以前置于宾语。

二，详细论证了事态句的非事件性。首先，背景化、非时间性 、宾语的个体性和受动性低，说明了该句式的低及物性特征。其次，事态句压倒性多数出现在对话语体中，而对话语体恰恰不是以事件为中心的。

三，事态句中的"的"是广义的、带有情态作用的传信标志，表达了主观的确认态度。

四，在"（是）SVP"中，新信息落在"（是）S"上。

## 12.4  承指说

杉村博文（1999）的观点可以概括为承指说（即复指或回指，anaphor）。文中概括出的信息焦点指定句和事件原因解说句，大致对应于李讷等（1998）文中的A、B 两类句式。该文的成功之处主要有如下几点：

一，指定句的已然义来源于"V 的（O）"是谓词性的承指形式。"的"本身不表达已然义，通过承指具有已然义的"V 了（O）"获得已然义。因为承指，所以"V 的（O）"不能带无定宾语，动词不能附有时体标记且一般不受描摹性状语修饰，通常只能出现在谓语位置。

二，"的"不是体标记，因为表已然却不可用"没（有）"否定，且不能做定语。

三，解说句需要借助于说话人的百科知识，动词可以是在语篇中第一次出现的新信息，必要时可以带上时体成分，往往采取比较复杂的形式，"的"字一般不处于宾语前。

四，解说句里的"的"是"指事"的自指"的"字结构判断句，用来对事情发生的原因进行分类，由此产生"确认"义。

## 12.5 动作区分说

木村英树（2003）只研究杉村博文（1999）的指定句，提出承指说不能很好解释下面的现象：

一，即使属于承指，句子中也不能出现动量词。比如：

> 甲："我暑假去了几趟北京。"
>
> 乙："＊去的几次？"
>
> 甲："＊去的三次。"

二，无定疑问词可以充当宾语，比如：

　　甲："我点过菜了。"
　　乙："你都要的什么菜？"
　　甲："我要的奶油菜心和香酥鸡。"

三，将然形式的承指不能用"的"，比如：

　　甲："我要结婚。"
　　乙："＊你要跟谁结的婚？"

　　所以，该文试图用动作区分说取而代之：

　　第一，"的"由"事物区分功能"发展出对已然行为动作加以区分性限制的功能。

　　第二，以特定的已然事件为对象，用与该事件相关的参与项为标准加以区分性限制，以认定其行为动作属性的句式。比如："小王在西单买的车。"这一句中就是以"在西单"为标准对"买车"加以限制。

　　第三，这种句式在形式上是一种动词谓语句，但在意义上更接近于判断句。

　　第四，此说可用于解释句子的已然性和既定性，焦点化，宾语的定指性，以及与体标记、数量宾语、描摹性状语和"原因"表达的不可同现性。

此说的可取之处是把事件和事物联系在一起考虑，但最大的问题是：说"的"从"事物区分功能"发展出"事件区分功能"，必须解释为什么"我的车"中"的"处于区分标准"我"和被区分对象"车"的中间，而"在西单买的车"中"的"却不是处于这个位置，即"在西单的买车"，而是处于被区分对象"买车"的内部。

木村也注意到了这一点，他的解释是，因为"的"显示动作属性，所以受到体标记"了、着、过、得"的类推而处于动词的后面。这个"的"正在向动词后缀的范畴转移，但却不是体标记。

这在理论上显然并不自洽。"的"不是体标记，怎么会受到体标记的类推呢？如果真的有类推，在历史上应该发现这种变化遗留下来的痕迹。遗憾的是并没有。再者，即使"的"从事物区分发展出事件区分功能，那么，可以解释的也应该是"这本书的出版""他的不来"这样动词在后的例子。

## 12.6 名词化标记说

在寻找事件和事物的联系的道路上走得更远的是名

词化标记说。把事态句末的"的"看做名词化语助词（标记），最早可能是赵元任（Chao 1968：§2.9.3）。袁毓林（2003a）在朱德熙（1961b）的基础上进一步论证了句尾"的"和"的₃"的同一性，强调事态句尽管以动词为核心却具有名词性。主要观点可以概括为：

一，"（是）……的"是焦点结构标记，标记窄、广两类焦点，焦点落在"（是）……的"圈定的范围之中。焦点的性质可以是语义焦点，也可以是对比焦点，这可以解释李讷等（1998）中三类句式的语义特点。

二，这种"的"仍是结构助词，句法功能是把一个动词性成分转变成名词性成分，是名词化标记。"他先去买票的"是转指事态或属性的体词性成分。

三，这种"的"的语义功能是自指，即全局性的转指由 VP 造成的事态或属性。"小王是昨天晚上来的"的意思是小王具有"昨天晚上来"这种属性。

四，焦点结构表达了"确认"等传信的语气，所以自指标记在谓语位置上自然成为传信标记。

五，句末的"的"不是语气词。把"的"的语义概括为"确认"并不妥，因为这个句式还可以用于表达不确定的疑问句（"你们是怎么谈的恋爱？"）。"的"也只能位于公认的三组语气词之前，而不是位于表情态的第三组语气词的句末位置上。

六，把"承指说"改造为"预设"说。预设意义具有既可以暗含、又可以明说的特点，这可以弥补承指没有先行形式的弱点。预设的可取消性可以解释李讷等（1998）中 C 类句式中的将然义。

七，事态句中的焦点具有对比性和排他性，因此事态句最基本的句式意义是确认和确信，这是事态句和事件句的意义差别。不具有［+排他性］的事件句不能转换为事态句。

此说的解释力能够覆盖此前诸说，不过"名词化标记"这一性质认定，也会和如下语言事实相抵牾。

第一，"的"字不必有。既然是"标记"，在事态句中就应当不可或缺，然而，下面这些事态句例中可以没有"的"。

你不必多嘱咐，我知道（的）。（吕叔湘 1944：§15.33）

阿译："他有个儿子（的）。在中原战场。"（兰晓龙《我的团长我的团》）

第二，有些事态句不能还原成事件句。如：

看，台球这么打的。*看，台球这么打了。

146

有些事件句也不能加"的"派生出事态句：

问：你打算怎么回去？

答：我在中山路上公交车。

*答：我在中山路上的公交车。

*答：我在中山路上公交车的。

第三，"（是）……的"不圈定焦点。有的焦点其实落在了圈子的外面：

她是生的**男孩**。　　　　我是投的**赞成票**。

有些焦点"范围"并不精确：

我是**去年**出差去上海的。

## 12.7　事态句的基本性

完权（2013）在吕叔湘（1944：§15.33）的经典例句中发现，动词谓语句加不加"的"都可用于表达事态性，加"了"则可以表达事件性：

（你不必多嘱咐,）我知道（的）。

（你这么一说,）我知道（ * 了）。

所以，事态句不是事件句的名词化对应物。事态句是表达事件状态的名词性谓语句，是以对事态（包括属性）的指称为手段进行交际的句子。事件句和事态句之间既没有"名词化"这个派生过程，事件句也不是事态句的基础。

事态句才是基本的（我知道），事件句是从中分化出来的次类（我知道了），仍具有事态句的性质，因为事件句也可用于表达事态。有很多不用"的"的事态句，就与以动词为谓语核心的事件句同形。

等我写完了（的）。（马真 2004：325）

这说明事件句本身也还具有名词性、指称性。（参看沈家煊 2013）因此，事件句可以充当主宾语（你知道**我知道了**）。并且，事态句和事件句都可以再加上"的"，突显其事态性、指称性（**我知道**的；**我知道了**的）。

由此看来，汉语的动词谓语句也具有名词谓语句的特性，呈现出一种如下图所示的扭曲对应关系：

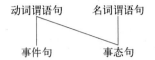

表达事态的动词谓语句也是名词谓语句。汉语事态句和事件句的这种包含关系正对应于汉语名词和动词的包含关系——汉语动词是名词的次类，具有名词性（沈家煊2007，2016）。句类关系与词类关系得以互证。

正因为事件句是事态句的一个次类，本身同时也仍是事态句，所以在用于表达事态、作指称语时不必加"的"，有时候加了反而不好：

小王第一个跳（＊的）是不可能的。

我在中山路上车（＊的）很方便。

这说明这个"的"的功能并不是名词化。实际上从语篇语料中可以观察到，言者在事态句中加上"的"，是为了调动听者的注意力指向"的"前的事态，表达希望听者注意并重视这个事态的主观意向性。"的"这个功能和所有参照体结构中的"的"本质上一致，因为"的"具有加强所附着的语言单位的指别度的作用。

注意说可以兼容焦点说，因为"大略地说，焦点是说话人最想让听话人注意的部分"（刘丹青等 1998）。
注意说也可以兼容传信说，因为确认传信就是言者以当
前示证为目的而需要听者注意某个事态。

## 12.8　糅合类推说

沈家煊（2008b）专门研究了这类句子：

他是去年生的孩子。　　他是学校付的工资。

赵元任（Chao 1968/1979：153）提出这类句子是把
原来的宾语挪到"的"后而生成的：

他是去年生孩子的。→　他是去年生的孩子。

朱德熙（1978）则认为这是主语后置的主谓小句作
谓语的句子：

他，孩子是去年生的。→　他是去年生的孩子。

此二说本质上都是派生说，都假设句子有一个基础
结构，然后通过移位操作得出表层结构。但是，它们都

会遭遇不能还原的例子：

> 他是室友偷的电脑。→ ?他是室友偷电脑的。
>
> 他是昨天静的坐。→ *他坐是昨天静的。

因此，沈文提出糅合类推说：
他是去年生的孩子。

> a. 这$_i$是去年生的父亲　b. 他$_i$是去年生的父亲。
> x. 这$_i$是去年生的孩子　y.　　——

在这个"横向相关、竖向相似"的方阵里，y 处是根据 x 和 b 同时类推得出糅合句式 xb——"他是去年生的孩子"。这种类推的过程可抽象化图示如下：

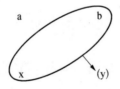

而类推的动因，是移情（empathy）："说话人将自己认同于……他用句子所描写的事件或状态中的一个参与者。"概念整合后的"他是去年生的孩子"可以产生

浮现意义，表达说话人强烈的主观认同感，可称为"主观认同句"。

汉语是主观性强、多用糅合造句法的语言。这在"的"字结构里留下了深深的印记。

## 12.9 结构的平行性

结构的平行性是划分形式类的基础，甚至是语法研究的基础。赵元任（Chao 1968/1979：7-8）说过："语法是研究一类一类的形式出现或不出现在由别的类构成的框架或槽之中的。所有在这一点上行动一致的形式是同一个形式类的成员。"所谓"属于同一结构"就是指"结构上平行"。

朱德熙（1985：31）也提出，语法研究要十分重视"结构的平行性"。他说，本地人的语感就来自结构的平行性，因此确定语法范畴及其性质时，要以结构的平行性为依据。

沈家煊（2017）同样指出："语言事实上存在结构的平行性，所以语言才是一个'系统'。……只有这样，构建的语法体系才是自然的、简洁的，才方便讲语法。"

糅合类推得以实现的依据，也是在母语者心理中这些句子在结构上的平行性。"他是**去年生的孩子**""我是**胡乱投的票**"中的**画线部分**在母语者心理中和一般的"的"字定中结构一样，具有结构上的平行性。

下面两章所涉及的似乎"特殊"的句式，其实也是母语者依据语言心理中切实感知到的结构的平行性扩展类推而来的。

# 13 "他的老师当得好"

和"他是去年生的孩子"类似，"他的老师当得
好"的生成方式也是研究的热点。

## 13.1 问题的发现

吕叔湘（1965）发现，"他的老师教得好"和"他
的老师当得好"中"他的老师"的意义不同。前者是正
常领属义，但后者却是指"他当老师"这件事。这两种
意义也可能合二为一：

他的小说写得好＝他写的小说写得好

也可能具有语境歧义：

她的鞋做得好＝她买的鞋做得好（别人做的）
她的鞋做得好＝她做的鞋做得好（自己做的）

朱德熙（1982）将"他的老师当得好"归于准定语
B 类[1]，并发现了两种句式转换：主谓谓语句和重动句
（动词拷贝句）。这两种转换句，特别是后者，是多种解
释方案的基础句式：

> 他的老师当得好＝他老师当得好
>
> 他的老师当得好＝他当老师当得好

## 13.2 转换生成语法的重新分析说[2]

梅广（1978）认为该句式的生成有三个阶段：深层
结构是"他当老师当得好"，经过动词删略得到"他老
师当得好"，再插入"的"得到"他的老师当得好"。

黄正德（Huang 1982）提出类似的生成方式，只是
出发点略有不同，缺少动词拷贝：深层结构"他当老师
得好"，经过宾语提前得到"他老师当得好"，再插入
"的"得到"他的老师当得好"。

不过，黄正德（2008）反思道，这个生成过程无法
准确控制句子的生成，如：

---

[1] 黄国营（1981）称作伪定语。
[2] 生成语法所认为的重新分析（reanalysis）比历史语法的定义
要宽得多。潘海华的（2011）中引用到了历史语法里的经典
例子 Hopper & Traugott（1993）。

他数学最喜欢。/ *他的数学最喜欢。

而且，黄文还坦承，"在讲求理论精简的科学方法下，缺乏独立证据的假设应尽量避免"。但是，潘海华等（2011）却提出一个更加繁复的修订版本：

a. 他 当 老师 得好。（深层结构）

b. 他 当老师 当得好。（动词拷贝式 $VP_1+VP_2$）

c. 他当老师 当得好。（主语和 $VP_1$ 结合为小句）

d. 他的当老师 当得好。（名物化）

e. 他的 老师 当得好。（动词删除）

b 到 c 是结构重新分析的阶段，但关键步骤还是步骤 d 中插入"的"的名物化。潘文认为句首名物化短语内的动词在重新分析的过程中被删除了，删除的理由是"避免重复"和"汉语中'他的当老师'这类短语本身不能存在"。这引发了杨炎华（2014）的质疑："既然'他的当老师'这类短语本身不能存在，那么这里发生'重新分析'的基础又是什么呢？"

## 13.3  施事定语说

肖国政（1986）认为"他的老师当得好"中的

"他"是意念上的施事主语，因为这个句子可以变换为重动句"他当老师当得好"。

黄正德（Huang 1994）也将"他的老师当得好"归入领格施事（possessive agent）。

熊仲儒（2015）在生成语法框架内论证"他"作为定语和施事的关系。因为汉语允许领有者提升到论元位置充当主语，所以形成准领属性主谓谓语句，可以与施事性主谓谓语句同形：

他的老师当得好　→　他，老师当得好

不过，胡建华（2016）质疑道："这个句子应该从句法上分析为'他当得好'还是'老师当得好'？"因为"他当老师"实际上也不是这个句子中"$NP_1$ 的 $NP_2$"的唯一解，不同的定语可能会导致 $NP_1$ 的 $NP_2$ 的施受关系出现反转。比如，"一班的老师当得好"就应该理解成"老师当得好"。再比如，当"他"指学生时，"他的老师当得好"也是"老师当得好"这样的受事主语句。①

---

① 不过"一班的老师当得好""他（指学生）的老师当得好"和经典的"他的老师当得好"的性质并不一样，"一班的老师""他（指学生）的老师"都是人；而经典的"他的老师"是行为。

当然，这种歧义性并没有从根本上否定定语表达施事的可能。但是胡文通过分析，说明以定语为施事，或者说建立在重动句和话题句基础上的形式语法解释都不成功，因此才提出建立在受事主语句基础上的解释。（见第6节）

## 13.4 移位派生说

黄正德（Huang 1994，黄正德2008）采用词义分解（轻动词DO）和核心词移位的理论提出一个新的方案：

> a. 他 DO 他的 当 老师（得好）。 （深层结构）
>
> b. 他 当$_i$他的 t$_i$[1]老师（得好）。（动词核心移位）
>
> c. [e][2]当$_i$他的 t$_i$老师（得好）。 （主语删略）
>
> d. [他的 t$_i$老师]$_j$当 t$_j$（得好）。 （宾语提前）
>
> e. 他的老师当得好。 （表层结构）

这个思路的关键是，假设谓语"当老师"首先经过

---

① t 指移位后留下的语迹。

② e 指主语删略后留下的空语类，吸引宾语提前，形成受事主语句"他的老师当"（与"衣服还没洗"同类，试比较"他的官当上了"）。

动名化，得到动名词短语（GP，gerundive phrase）"他的当老师"，然后再一步步移位重新成为谓语。

且不说这个派生过程十分繁复，要预先作出多个假设，更大的问题是导致过度生成：

*他的老师骂得好。

"他 DO 他的骂老师（得好）"是一个符合假设的深层结构，也能通过上面所述的移位、删略等步骤进行派生，但是得出表层结构却不合法。

在生成语法理论内部，这个移位派生过程也引起质疑。潘海华、陆烁（2011）指出这两个例句涉及的移位会违反相关的限制条件：宾语提前的操作违反了约束条件，导致"$t_i$"先于其约束词"当$_i$"，不能被其成分统制（c-command）；另外，"得好"从深层结构开始就以括号的形式附着在最后，句法地位不明确，也不合理。胡建华（2016）也质疑 DO 先后把题元角色指派给了"他"和"他的$_i$老师"，这就违反了题元准则限制，这种移位是生成语法理论所不允许的。而且"他的$_i$老师"从 DO 的宾语（获得宾格）移动到主语位置（获得主格），还面临双重赋格的理论风险。

为了避免这些麻烦，邓思颖（2008，2009，2010）

提出了一个空动词假设的分析。他发现，不少南方方言允许准定中结构作宾语，却不允许它们充当主语：

> 他念他的书。　他的老师当得好。（北京话）
> 佢读佢嘅书。　*佢嘅老师做得好。（粤语）

这个现象他称之为南北方言主宾语"不对称"。他假设各个方言的准定中结构内部性质不同，最终形成了分布差异。他继承了黄文的基本思想，但把 GP 换做名物化短语 NomP，这样"只要动词可以移到名物化词头的位置，就能够产生出动名词"。在普通话中，NomP 是基础生成的，内部就有一个空动词，会从动词的位置提升至 Nom，从而在形态上"支持"它，因此主宾语中都允许准定语。但在粤语中，Nom 不能触发动词移位。当 NomP 在［Comp, vP］时，动词会借助 DO 的力量"途经"Nom，生成宾语中的准定语；而如果 NomP 处在主语位置，由于 Nom 自身不能吸引空动词，也就不能实际生成主语中的准定语。

杨炎华（2014）指出邓思颖分析的一个问题：无法解释"为什么名物化短语中的动词必须为空，而当动词显现出来的时候句子却根本不合格"，例如：

他的（f）老师当得好。

*他的当老师当得好。

胡建华（2016）也质疑此说过多依赖空成分和隐性移位，却无法用相应的诊断手段证明给人看。而且，此说还引发了"当"的主语问题："当"的词汇语义决定它并不选择一个句子做主语，把"他的老师"处理成句子，就无法解决"当"的题元角色指派。

总的来看，以上生成语法的解释都建立在一系列难以证明的假设的基础之上。

## 13.5 糅合类推说

沈家煊（2007b）依然使用糅合类推来解决"他的老师当得好"的生成问题。回顾一下这个机制：

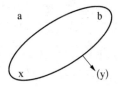

a. 他讲课讲得好  b. 他的课讲得好

x. 他当老师当得好 y. （—）← xb 他的老师当得好

类推依赖于"横向相关、竖向相似"的方阵格局 $a : b = x : y$。这个过程十分简单,不需要假设任何没有语音形式的成分,也不需要假设移位、删略等多个操作步骤,只需要假设一个步骤即"糅合",而参与糅合的也都是语言中实际存在而且高频使用的语句。

而且,类推还能遏止错误的生成:

a. 他当老师当得好    b. 他的老师当得好

x. 他骂老师骂得好    y. (一) ← xb *他的老师骂得好

因为,b 句的主语"他的老师"在语义上尽管不是表示通常的领属关系,但是它具备领属结构的形式就多少还带有领属的意思。"他的老师"有"他的老师角色"的意思,"当得好"是指老师这个角色当得好,或者是上课上得好,或者是演老师演得好,但不可能是骂老师骂得好。因为在"骂"这个动作上,"他"和"老师"之间没有必然的固定联系,因此在 a 和 x 之间缺乏足够的相似度,所以不可能产生糅合类推。

概念整合的成功与否,依赖于参与项在"理想认知模型"内是否具有概念上的必备联系(vital relations)。吴怀成(2008)在"他的老师当得好"问题中把这一点明确为语义特征：只有动词拷贝句式中的名词具有[+无指性]语义特征和整个述宾结构具有 [+技能性] 语义特征时，才可以转换为同义的"准定语+N +V 得 R"句式。那么，"他骂老师骂得好"中的"老师"是有指、有定的，因此糅合类推不成立。

不过，邓思颖（2008，2009）认为糅合类推说也不能解释其发现的南北方言主宾不对称现象，因为粤语有些句式允许类推，而有些却不允许。

然而，史金生等（2010）指出，如果承认名物化在"他的老师当得好"的生成过程中的作用的话（邓文是承认的），那么，方言中的特殊情况是因为名物化在不同方言中受到了不同的句法制约，跟形成动名词的移位参数有关，跟"糅合类推"没有关系。

## 13.6 受事主语说

黄正德（2008）生成方案的最终结果，是由受事主语句"他的老师当"加上情状补语"得好"而来的，仍然是一个受事主语句。不过，这一点在黄文中未加强调。

胡建华（2016）在深入评价了此前生成语法的各种方案后，认为此前诸论囿于施事主语句分析"他当得好"，因而"没有什么行得通的移位方法可以把那些看似琐碎的句法语义关系都通过句法推导出来"，而不受重视的受事主语句分析"老师当得好"才是事实，因此，该文提出基础生成的受事主语说。

胡文提出，"他的老师当得好"是普通话中真正的受事主语句。如果"他"得到的是动词"当"的外部题元角色，那么动词前的名词词组"他的老师"只能做主语，不能做话题，就可以得出"他当老师当得好"的解读。但如果"他"不取外部题元角色，那么像"他的老师"这样的动词前的名词词组就可以做话题：

他$_i$的老师他$_j$当得好。（如：张三的老师，他当得好。意思是：他当张三的老师当得好）

所以，"他的老师当得好"仍然是一个歧义句。

所谓的南北差异，关键在于相关语言是否允准受事主语句。在普通话中，"NP$_1$的NP$_2$"可以做受事主语，而在南方方言中，这一结构不能做受事主语。但是，当"NP$_1$的NP$_2$"处于宾语位置时，就不存在一个受事主语句问题，所以出现了主宾语的不对称。

虽然胡文说明，限于篇幅不对认知功能学派的相关讨论作评论，但是受事主语说也并未对糅合类推说构成挑战，因为糅合说的 b 式"他的课讲得好"的主语中心语是"课"，实际上首先也就是"课讲得好"这样的句子。尽管从论元关系的角度讲，也可以说是受事主语句。但是，从汉语作为话题突显语言的本质来讲，不应纠结于"谁当得好"，而是要关心"谁怎么了"。

# 14　领格表受事

"我来帮你的忙"这样的例子属于朱德熙（1982）所说的准定语 C 类。不过，这项研究最早其实是吕叔湘开创的，称为"领格表受事"。

## 14.1　经典评析

"VN 的 O"序列中"N-O"语义通常是狭义领有关系，是"领格表领有"，典型的例如"抓他的手"。不过，吕叔湘（1946）发现了另一类现象：

> 吃他们的亏　介他的意　说我的鬼话
> 盯你的梢　　请谁的客　害卢珊的相思病

如果依然采用"VN 的 O"来代称这一结构的话，文中指出"N"虽然是"领格称代词"但"完全没有普通的领属意义，而表直接或间接的受事者",并申明这里的受事是广义的,包括宾格、与格和夺格等。而且,"动词附带一个熟语性的宾语而两者合起来实际等于一个单纯的动词","可以再有一个意念上的宾词"。

吕叔湘后来还提出一些例子已经突破了"完全没有普通的领属意义"的限制,比如"给朋友拆台"中"台"是"朋友"的

赵元任贡献尤大,他称之为"领格宾语"(possessive objects,Chao,1968:§5.4.6.6),补充的例子也没有完全受"没有普通的领属意义"的限制。

接近典型领属义:

　　借您的光　坍我的台　送他的行

偏离典型领属义:

　　捣他的乱　多他的心　赌我的气

他认为"N""实际上代表动作的对象(goal)"。"对象"应理解为语义要素,而不是语义格,能够表达出"广义受事"的共性。不管有没有领有意义,几乎所有实例都可以有"VO 的对象是 N"这样的变换式:"借光的对象是您""捣乱的对象是他",等等。

赵元任(Chao,1968:§6.5.7.4)还发现有歧义的例子。这说明在"领格表领有"和"领格表受事"

之间，存在过渡地带。

　　　　你得请我的客。＝你得请我的客人。

这是领格表领有，领属义突显。

　　　　你得请我的客。＝你得请我客。

这是领格表受事，对象义突显。
　　因此，在所有判断标准中，"对象"义应该是第一位的，而"领属"义特别是典型的"领有"义是第二位的。该书特别指出某些例子**不**可以有连动结构变换式，如：

　　　　见我的情　告他的状　说他的闲话（坏话）

或者转换后的语义有变化：

　　　　上他的当 ≠ 给他上当（致使他上当）
　　　　送他的行 ≠ 给他送行（"只有'宴别'的意思"）

这表明这些事件在汉语普通话中的概念化结构并不

同于与格结构。

朱德熙（1982）的贡献是引入了双宾语的句式变换，转引如下（排序有调整）：

| 准定语 | 介词 | 双宾语 |
|---|---|---|
| 打他的主意 | — | 打他主意 |
| 劳您的驾 | — | 劳您驾 |
| 帮我的忙 | 给我帮忙 | 帮我忙 |
| 开我的玩笑 | 给我开玩笑 | — |
| 革他的命 | — | — |
| 生他的气 | — | — |

但是，后三个空缺的双宾语变换式其实是能找到真实语例的，这不得不引人深思：

"你会**开我玩笑**，难道我不会开你的玩笑吗？"（金庸《大国者下流》）

要其脱离供养，确实是**革他命**……（胡释之《裁减公务员是大势所趋》）

"只要是他，那我也不再**生他气**了。"（上官鼎《长干行》）

## 14.2　词汇缺项说

为什么会存在这种结构？吕叔湘（1946）提出，"形式上既已有了一个宾词"，却"没有适当的介系词可用"，只好"采取了领格的形式"。但是，可转变为介词结构的有很多种语义类型：

|  | "领格表受事" | 介词 |
|---|---|---|
| 受事 | 革自己的命 | 对自己革命 |
| 使役 | 误他的事 | 使他误事 |
| 致使 | 吃他的亏 | 他使（我）吃亏 |
| 原因 | 操琐事的心 | 为琐事操心 |
| 对象 | 敬他的酒 | 向他敬酒 |
| 目的 | 动她的心 | 为她动心 |
| 与事 | 开我的玩笑 | 拿我开玩笑 |
| 夺事 | 提你的成 | 从你（那儿）提成 |
| 施益 | 帮我的忙 | 给我帮忙 |

这些例子都"有适当的介系词可用"，却依然"采取了领格的形式"，这就说明是其他因素在起作用。按照功能语法的原则，不同的形式一定有不同的功能，但

是，同时也应该看到，确实也有无法转换的，并且同样
遍布于多种语义角色，有些还难以判断属何种语义
角色：

| | "领格表受事" | 介词 |
|---|---|---|
| 受事 | 揩你的油 | *对你揩油 |
| 使役 | 点你的将 | *把你点（成）将 |
| 对象 | 绑你的票 | *对你（实施）绑票 |
| 经事 | 充你的军 | *让你（经历）充军 |
| 感事 | 见我的情 | *让你（感到）见情 |
| 与事 | 告他的状 | *拿他告状 |
| 施益 | 报你的恩 | *给你报恩 |
| ? | 生他的气 | ?跟/对他生气 |

可见，语义角色的异同，不能决定能否采用领格形
式，说明语义角色不是决定性因素。有没有适当的介词，
都可以采取领格的形式，那么这其后是否有其他动因？

## 14.3　句法缺位说

有一个可能是句法动因："已经有了个动宾结构，
那个意念上的受事不能再放在后头"。（丁声树等 1961）

这看起来似乎是有道理的：动宾结构再带宾语受限，动词的及物性作用范围限于动词短语内部，整个动词短语难以产生新的及物性。不过，赵元任（Chao，1968：§6.5.7.4）即已分析过"离心式"用法：

> 费您的心 ＝ 费心您

邢公畹（1997）尽管认为动宾带宾是一种可疑的句式，却发现其实古已有之，从《史记》直到早期现代汉语，一直没有断绝，并且似乎要流行开来，比如：

> 先用隐约的笔法写菊英的母亲怎样爱女儿，**担心女儿**，要替她定一头亲事。（苏雪林《王鲁彦与许钦文》）
> 父母不用**操心儿女**，儿女也不用为赡养老人担忧。（胡军华《以房养老，金钥匙还是纸画饼？》）
> 原来当年的竞争对手一直还在"**盯梢**"我。（《文汇报》2000 年 6 月 2 日）

尽管"离心式"用法并不十分普遍，但是二者的变换确实存在，这就说明无宾语位置可用的句法动因并不成立。

## 14.4　语义不显说

李桂梅（2009）尝试在动词框架语义知识中找原因。从吕叔湘（1946）的论述中可知，事件结构必须涉及多个参与者才能进入此格式。孙德金（1999）将此概括为［+多向性］，并以［+损益性］作解释。

李桂梅（2009）进而提出主要有两个限制因素：一，参与者角色要显著，"签歌迷的名"不合法就是因为虽然涉及两个参与者但只有行为主体显著。二，动词具有高能量，能使人受损或受益，而"见你的面、担他的心①"不成立是因为"见面""担心"不会使人受到显著影响。这两条都可再商榷。

第一条，关键是"N"的角色要显著，而对施事并无要求，零形回指甚至缺省都可以。

大妈这我就放心了！（*我）**劳你的驾**！你跟她怎么说的？（老舍《龙须沟》）

"（*你）**滚你的蛋**！"何飞飞不经思索的骂着说……（琼瑶《鬵鬵风》）

---

①　其实这两个在语料库中都有实例。

第二条，所有"领格表受事"例中的"N"都遭受损益影响，这是事实。并且受损远多于受益。但这是结果，而不是原因，也不是充分条件，有很多致损或致益的"VO"并不能进入"领格表受事"，即使和第一条结合也有管不住的例子：

对合同变卦　　＊变合同的卦

给学生打气　　＊打学生的气

而且，尽管说损益没问题，但是不能归因于高能，显著影响和动词是否高能并无直接联系。表心理的"多心""介意"，表被动的"上当""中计"等很难讲有多高能，但都可以进入"领格表受事"。

可见，研究的突破口应该放在进一步探究显著性和损益义的原因上。

## 14.5　比较分析

很多研究立足这样的基本认识，"领格宾语实际上是动宾式离合词离析形式的一种"（李桂梅 2009）。初看起来，事实并不错，解释上也有些道理：离合词的词汇化程度高，作为一个整体语义上有带宾语的可能。但是，其实离合词和"领格表受事"在句法语义属性上并无本质联系。

首先，性质相关度低。不必是离合词或者熟语，普通动宾短语也能进入此格式：

"可不！她尽找善保谈思想，还**造姚宓的谣**……"（杨绛《洗澡》）

"就算他们是本来认识的，也不能就瞎**造人家的谣言**！"（张爱玲《多少恨》）

境内有人跑到外（国）做手脚，**制造银行的谣言**。（BCC 语料库·科技文献）

"造谣"是离合词，"造谣言"甚至不是典型的熟语，"制造谣言"是一个非离合词、非熟语的普通动宾短语，三者结构性质不同，但都能进入"领格表受事"。再如：

他不愿**借太太的光**（钱锺书《猫》）

想**借父辈的光环**来涂抹自己的生活（《人民日报》1997 年 1 月 2 日）

后一例中的"借"换作"假借""借助"似乎亦无

不可。可见，"领格表受事"并不要求必然是离合词或熟语，只要求特定的事件结构。

其次，数量相关度低。根据孙德金（1999）的统计，只有 16.5% 的离合词可以进入此种格式，而大多数离合词并不能用于"领格表受事"。

| | | |
|---|---|---|
| *叫你的真 | *称你的职 | *变你的卦 |
| *打你的雷 | *参你的政 | *超你的员 |

再次，转换相关度低。很多动宾离合词事实上在后面可以带宾语，意念上的宾语占据了实际的位置，而它们也具有相应的与格意义，但并不能变换为"领格表受事"。

| | |
|---|---|
| 让利购房人 | 上书党中央 |
| 向购房人让利 | 给党中央上书 |
| *让购房人的利 | *上党中央的书 |

因此，离合词和"领格表受事"的联系实际上并没有看起来那么紧密。

另有一些研究的立足点是与格结构，以蔡淑美（2010）为代表。但是这两个范畴距离其实也比较远。

原因有二。第一，从前文可见，两者存在大量不能相互转换的例子，并且和语义小类无甚相关性。两者能否转换，不取决于表达了哪一种与格意义。

第二，在不同的语境中，同一词型可能对应多个语义角色，例如"生气"：

> 我一想起来就**生老爸的气**。（为老爸气，原因）
> 不过不是**生你的气**。 （跟你气，与事）
> 不想对你发脾气，不想**生你的气**。
>
> （对你气，对象）

蔡淑美（2010）问道：为什么"拜年、投稿、撒娇"等和"敬酒"类在语义类型上很接近，但可以说"敬你的酒"，却不太能说且在实际语料中也没有找到像"拜你的年、投你的稿、撒父母的娇"这样的表达？其实，这种捉襟见肘正证明了"领格表受事"成立与否和与格意义上的语义类型没有直接的规律性对应关系，因为汉语定语和中心语之间的语义关系是分不清、说不尽的。

## 14.6 连续包含说

完权（2017）发现，和"领格表受事"的句法语义

相关度最高的，不是离合词、与格结构，而是双及物
构式。

所有"领格表受事"都可转换为双宾句：

| | | |
|---|---|---|
| 见我的情 | 告他的状 | 说他的闲话 |
| 见我情 | 告他状 | 说他闲话 |

但双宾句向"领格表受事"转换却受限：

| | |
|---|---|
| 人家称他呆霸王 | *人家称他的呆霸王 |
| 挂墙上一幅画 | *挂墙上的一幅画 |

双及物构式共享了"领格表受事"的灵魂——"对
象"义。"领格表受事"和一些双及物结构能相互转
换，正因为它们是同一类事件的不同概念化结果。典型
的双及物构式表达"有意的给予性转让"（张伯江
1999），以施益行为为主。然而，"领格表受事"却更多
用于表达受损意义、负面评价或消极交际语境中。

双及物结构无标记而领格表受事有标记，这就带来
了两者的不对称。双及物结构以现场给予为原型，经隐
喻扩展到多种类型（张伯江 1999），因而"予取"双向
都适用。而"领格表受事"中"对象"受到突显，就

以其为中心来识解双及物事件，导致仅适用于一部分双
及物事件。这样的格局导致双及物结构和"领格表受
事"相互转换的不对称。比如：

　　　拜舅舅年　　　拜舅舅的年

　　　*拜你年　　　拜你的年

　　因为在拜年这件事情上，"舅舅"作为对象比
"你"更典型，更应该也更容易受到突显。

　　"领属结构"是一种语法结构，而"领属意义"是
一种语义类型，领属结构可以表达非领属义，只要符合
参照体目标关系。领属结构，从典型的"领格表领有"
到非典型的"领格表受事"，都是参照体结构，差异体
现在领格语义上，呈现出反映语义典型性梯度差异的连
续包含关系，如图所示：

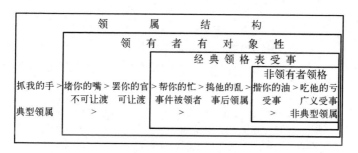

在这个连续包含关系①中，语义上再不典型的实例，也还是属于认知上的参照体结构，句法上仍归为领属结构。换句话说，"领格表受事"不过是"领格表领有"的一种。"N 跟 O 相关"且"N 比 O 突显"是作为参照体结构的"的"字结构的关键条件。相关性确定参照体关系，突显性确定谁是参照体。

## 14.7　糅合类推造就连续包含

沈家煊（2007）用糅合类推的方式解释了多种所谓"准/伪定语"的生成，其中也包括领格表受事。以"我不买他的账"为例，把各要素填入如下类推过程中：

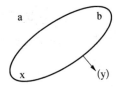

a. 我不领情　　b. 我不领他的情

x. 我不买账　　y.　——　　←xb 我不买他的账

---

再用简单推导式列举一些例子：

| x | b | xb |
|---|---|---|
| 我帮忙 ＋ 我解他的难 | →我帮他的忙 | |
| 他生气 ＋ 他气我的所作所为 | →他生我的气 | |
| 他挑眼 ＋ 他挑我的毛病 | →他挑我的眼 | |
| 他告状 ＋ 他诉说我的不是 | →他告我的状 | |
| 别打岔 ＋ 别打断他的话 | →别打他的岔 | |

因为从 b 式的普通领属结构类推到 xb 式领格表受事需要受到一定条件的限制，所以 xb 式当然就只能是一种特殊的领属结构。

简而言之，这些句子在结构上都具有平行性，在母语者的心理中，都是再自然不过的"的"字结构。

# 15　结　语

　　这本小书现在到了写结语的时候，但"的"和"的"字结构的研究则远远还没有结束。我们有充分的理由相信，这个富矿还可以继续深挖下去，利用这个支点还可以继续撬动汉语语法研究。

　　然而，在对未来的展望中，也不能不回头看看来路。

　　在《马氏文通》的时代，系统接触到印欧语语法为汉语研究打开了一扇崭新的窗户。然而，迷信印欧语研究传统，形成了印欧语眼光，就不啻戴上了一副有色眼镜，导致看不清汉语的本色。一百年来的"的"字研究史，因为受到印欧语眼光的束缚而遭遇了许多歧路，走过了许多弯路：区别与描写之争，名词化旋涡，向心结构难题，自指和转指的关系，"N 的 V"还是"N 的 N"，移位派生还是糅合类推……反之，"的"字研究的重大突破，无一不是摆脱印欧语眼光、正视汉语现实的结果。所以，要想在"的"这个富矿中继续发现宝藏，就一定要摆脱印欧语眼光，正视汉语的本色。

放下现成理论的包袱，老老实实用朴素的眼光看汉语事实，才有可能真正取得理论的创新。如此实事求是做研究的典范，远的有朱德熙发现汉语偏正短语的同位性，近的有沈家煊发现汉语词类的名动包含。这些成果都在认清汉语事实的基础上确立了汉语语法研究的新范式。放下包袱，尊重事实，最终也一定能把汉语研究之所得推广到其他语言，丰富和发展普通语言学理论。

限于篇幅，本书的介绍很少涉及方言、历史和语言类型比较，这是一大遗憾，希望将来能有机会可以弥补。

# 参考文献

蔡淑美（2010），现代汉语特殊与格结构"V+X+的+O"的语义性质和句法构造，《世界汉语教学》第 3 期。

蔡淑美（2017），从定语到准定语，《世界汉语教学》第 1 期。

蔡维天（2015），"的"不的，非常"的"，《中国语文》第 4 期。

陈国华（2009），从"的"看中心语构造与中心语的词类，《外语教学与研究》第 2 期。

陈琼瓒（1955），修饰语和名词之间的"的"字的研究，《中国语文》10 月号。

陈玉洁（2009），汉语形容词的限制性和非限制与"的"字结构的省略规则，《世界汉语教学》第 2 期。

陈玉洁（2010），《汉语指示词的类型学研究》，北京：中国社会科学出版社。

陈宗利（2007），汉语关系从句的位置与关系结构的特点，《现代外语》第 4 期。

程工（1999），《语言共性论》，上海：上海外语教学出版社。

崔应贤（2004），也谈谓词隐含及其句法后果问题，《贵州教育学院学报》（社会科学版）第 3 期。

〔日〕大河内康宪：《量词的个体化功能》，〔日〕《中国语学》1985 年，总第 232 期。又载于大河内康宪主编《日本近、现代汉语研究论文选》，靳卫卫译，北京：北京语言学院出版社，1993 年版。

邓思颖（2006），以"的"为中心语的一些问题，《当代语言学》第 3 期。

邓思颖（2008），"形义错配"与名物化的参数分析，《汉语学报》第 4 期。

邓思颖（2009），"他的老师当得好"及汉语方言的名物化，《语言科学》第 3 期。

邓思颖（2010），"形义错配"与汉英的差异，《语言教学与研究》第 3 期。

丁声树、吕叔湘、李荣、孙德宣、管燮初、傅婧、黄盛璋、陈治文（1961），《现代汉语语法讲话》，北京：商务印书馆。

方梅（2004），汉语口语后置关系从句研究，《庆祝〈中国语文〉创刊 50 周年学术论文集》，北京：商务印书馆。

方绪军、李翠（2017），"N 的 V$_单$"的构成及其语篇使用情况考察，《汉语学习》第 2 期。

范继淹（1958），形名组合间"的"字的语法作用，《中国语文》5 月号。

范继淹（1979），"的"字短语代替名词的语义规则，《中国语文通讯》第 3 期。

高名凯（1944），汉语规定词"的"，《汉学》第 1 辑。又载于《高名凯语言学论文集》，北京：商务印书馆，1990 年版。

高顺全、蒲丛丛（2014），"大+时间词+的"格式补议，《国际汉语教学研究》第 4 期。

古川裕（1989），"的。"字结构及其所能修饰的名词，《语言教学与研究》第 1 期。

郭锐（2000），表述功能的转化和"的"字的作用，《当代语言学》第 1 期。

何元建、王玲玲（2007），论汉语中的名物化结构，《汉语学习》第 1 期。

贺阳（2013），定语的限制性和描写性及其认知基础，《世界汉语教学》第 2 期。

洪爽、石定栩（2017），名词性结构中"的"的句法性质，邓思颖主编《汉语"的"的研究》，北京：北京大学出版社。

胡建华（2016），"他的老师当得好"与论元的选择，《世界汉语教学》第 4 期。

胡裕树（1994），动词形容词的"名物化"和"名词化"，《中国语文》第 2 期。

黄国营（1981），伪定语和准定语，《语言教学与研究》第 4 期。

黄国营（1982），"的"字的句法、语义功能，《语言研究》第 1 期。

黄和斌（2014），质疑"两个问题"与"一个难题"，《外国语》第 4 期。

黄景欣（1962），读《说"的"》并论现代汉语语法研究的几个方法论问题，《中国语文》8—9 月号。

黄师哲（2008），语义类型相配论与多种语言形名结构之研究，《汉语学报》第 2 期。

黄师哲（2013），类型论、类型转换理论和汉语修饰结构之研究，王志洁、陈东东（编），《西方人文社科前沿述评：语言学》，北京：中国人民大学出版社。

黄正德（2008），从"他的老师当得好"谈起，《语言科学》第 3 期。

吉田泰谦（2011），指称性主语的分类及其句法、语义特点，《世界汉语教学》第 2 期。

江蓝生（1999），处所词的领格用法与结构助词"底"的由来，《中国语文》第 2 期。

金晶（2016），汉语"度量短语+'的'+名词"的再分类，《当代语言学》第 2 期。

黎锦熙（1924），《新著国语文法》，北京：商务印书馆。

黎锦熙、刘世儒（1957），《汉语语法教材》（第一编），北京：商务印书馆。

李桂梅（2009），领格宾语构式"VN 的 O"探析，《汉语学习》第 3 期。

李晋霞（2003），双音动词作定语时"的"隐显的制约条件，《汉语学习》第 1 期。

李讷、安珊笛、张伯江（1998），从话语角度论证语气词"的"，《中国语文》第 2 期。

李艳惠（2008），短语结构与语类标记："的"是中心词？，《当代语言学》第 2 期。

林若望（2016），"的"字结构、模态与违实推理，《中国语文》第 2 期。

铃木庆夏（2000），形名组合不带"的"的语义规则初探，《语法研究和探索》（九），北京：商务印书馆。

刘丹青（2005），汉语关系从句标记类型初探，《中国语文》第 1 期。

刘丹青（2008a），汉语名词性短语的句法类型特征，《中国语文》第 1 期。

刘丹青（2008b），《语法调查研究手册》，上海：上海教育出版社。

刘丹青（2009），话题优先的句法后果，载于程工、刘丹青主编《汉语的形式与功能研究》，北京：商务印书馆。

刘丹青、徐烈炯（1998），焦点与背景、话题及汉语"连"字句，《中国语文》第 4 期。

刘礼进（2009），再谈中心词理论与"的"字结构，《现代外语》第 4 期。

刘宁生（1994），汉语怎样表达物体的空间关系，《中国语文》第 3 期。

刘宁生（1995），汉语偏正结构的认知基础及其在语序类型学上的意义，《中国语文》第 2 期。

刘探宙（2017），《汉语同位同指组合研究》，北京：中国社会科学出版社。

刘月华（1982），定语的分类和多项定语的顺序，《语言学和语言教学》，合肥：安徽教育出版社。

陆丙甫（1988），定语的外延性、内涵性和称谓性及其顺序，《语法研究和探索》（四），北京：北京大学出版社。

陆丙甫（1992），从"跳舞"、"必然"的词性到"忽然"、"突然"的区别，《语言研究》第 1 期。

陆丙甫（1992），从语义、语用看语法形式的实质，《中国语文》第 5 期。

陆丙甫（2000），汉语"的"和日语"の"的比较，〔日〕《现代中国语研究》第 1 期，日本京都：朋友书店。

陆丙甫（2003），"的"的基本功能和派生功能——从描写性到区别性再到指称性，《世界汉语教学》第 1 期。完整版载于《汉语词汇·句法·语音的相互关联》，北京：北京语言大学出版社，2007 年第 1 版。

陆丙甫（2004），作为一条语言共性的"距离—标记对应律"，《中国语文》第 1 期。

陆丙甫（2005），语序优势的认知解释（上、下），《当代语言学》第 1、2 期。

陆丙甫（2008），再谈汉语"的"和日语"の"的关系，《外国语》第 3 期。

陆俭明（1963），"的"的分合问题及其他，《语言学论丛》（第五辑），北京：商务印书馆。

陆俭明（2003），对"NP+的+VP"结构的重新认识，《中国语文》第 5 期。

陆俭明（2010），关于领属性 DP 结构的生成，《外国语》第 6 期。

陆烁（2017），汉语定中结构中"的"的句法语义功能，《中国语文》第 1 期。

陆烁、潘海华（2013），从英汉比较看汉语的名词化结构，《外语教学与研究》第 5 期。

陆烁、潘海华（2016），定中结构的两分和"的"的语义功能，《现代外语》第 3 期。

陆宗达、俞敏（1954），《现代汉语语法》（上册），北京：群众书店。

吕叔湘（1942/1944），《中国文法要略》，北京：商务印书馆。1942 年上卷初版，1944 年中卷下卷初版。1982 年"汉语语法丛书"本，新 1 版。

吕叔湘（1943），论底、地之辩及底字的由来，《金陵、齐鲁、华西大学中国文化汇刊》第 3 卷。又载于《汉语语法论文集》（增订本），北京：商务印书馆，1984 年增订第 1 版。

吕叔湘（1946），领格表受事及其他，《国文月刊》总 46 期。修订本一载《汉语语法论文集》（语言学专刊），北京：科学出版社，1955 年版；修订本二载《语文杂记》，上海：上海教育出版社，1984 年版。

吕叔湘（1962），关于"语言单位的统一性"等等，《中国语文》11 月号。

吕叔湘（1963），现代汉语单双音节问题初探，《中国语文》1 月号。

吕叔湘（1965），语文札记，《中国语文》第 4 期。

吕叔湘（1979），《汉语语法分析问题》，北京：商务印书馆。

吕叔湘（1984），关于"的"、"地"、"得"的分别，《语文杂记》，上海：上海教育出版社。

吕叔湘、朱德熙（1952），《语法修辞讲话》（合订本），北京：开明书店。

马学良、史有为（1982），说"哪儿上的"及其"的"，《语言研究》第 1 期。

马真（2004），《现代汉语虚词研究方法论》，北京：商务印书馆。

梅广（1978），国语语法的动词组补语，载《屈万里先生七秩荣庆论文集》，台北：联经出版社。

木村英树（2003），"的"字句的句式语义及"的"字的功能扩展，《中国语文》第 4 期。

潘海华、陆烁（2011），从"他的老师当得好"看句法中重新分析的必要性，《语言研究》第 2 期。

潘海华、陆烁（2013），DeP 分析所带来的问题及其可能的解决方案，《语言研究》第 4 期。

屈承熹（2005），《汉语认知功能语法》，哈尔滨：黑龙江人民出版社。

人民教育出版社中学语文室（1984），《中学教学语法系统提要（试用）》，《中学语文》第 4 期。

任鹰（2008），"这本书的出版"分析中的几个疑点，《当代语言学》第 4 期。

杉村博文（1999），的字结构承指与分类，江蓝生、侯精一主编《汉语现状与历史的研究》，北京：中国社会科学出版社。

沈家煊（1995），"有界"与"无界"，《中国语文》第 5 期。

沈家煊（1999a），转指和转喻，《当代语言学》第 1 期。

沈家煊（1999b），《不对称和标记论》，南昌：江西教育出版社。

沈家煊（2006a），"糅合"和"截搭"，《世界汉语教学》第 4 期。

沈家煊（2006b），"王冕死了父亲"的生成方式——兼说汉语"糅合"造句，《中国语文》第 4 期。

沈家煊（2007a），汉语里的名词和动词，《汉藏语学报》第 1 期，北京，商务印书馆。

沈家煊（2007b），也谈"他的老师当得好"及相关句式，〔日〕《现代中国语研究》第 9 期，日本京都：朋友书店。

沈家煊（2008a），李白和杜甫：出生和"出场"——论话题的引入与象似原则，《语文研究》第 2 期。

沈家煊（2008b），"移位"还是"移情"——析"他是去年生的孩子"，《中国语文》第 5 期。

沈家煊（2009a），我看汉语的词类，《语言科学》第 1 期。

沈家煊（2009b），我只是接着向前跨了半步，《语言学论丛》（第40辑），北京：商务印书馆。

沈家煊（2012b），《"零句"和"流水句"——为赵元任先生诞辰120周年而作》，《中国语文》第5期。

沈家煊（2013），谓语的指称性，《外文研究》第1期。

沈家煊（2014），如何解决状语问题，《语法研究和探索》（十七），北京：商务印书馆。

沈家煊（2016），《名词和动词》，北京：商务印书馆。

沈家煊（2017），《"结构的平行性"和语法体系的构建——用"类包含"讲汉语语法》，《华东师范大学学报》（哲学社会科学版）第4期。

沈家煊、柯航（2014），汉语的节奏是松紧控制轻重，《语言学论丛》（第50辑），北京：商务印书馆。

沈家煊、完权（2009），也谈"之"字结构和"之"字的功能，《语言研究》第2期。

沈家煊、王冬梅（2000），"N的V"和"参照体—目标"构式，《世界汉语教学》第4期。

盛亚南、吴芙芸（2013），指量结构与汉语关系从句共现时的不对称分布及其原因——一项基于真实口语语料库的研究，《现代外语》第2期。

施关淦（1981），"这本书的出版"中"出版"的词性，《中国语文通讯》第4期。

施关淦（1988），现代汉语里的向心结构和离心结构，《中国语文》第4期。

石定栩（2003），动词的名词化和名物化，《语法研究和探索》（十二），北京：商务印书馆。

石定栩（2008），"的"和"的"字结构，《当代语言学》第4期。

石定栩（2010），限制性定语和描写性定语，《外语教学与研究》第 5 期。

石毓智（2000），论"的"的语法功能的同一性，《世界汉语教学》第 1 期。

史金生、邝艳（2010），"他的老师当得好"句式的形成机制，《汉语学习》第 5 期。

史有为（1984），表已然义"的b"补议，《语言研究》第 1 期。

司富珍（2002），汉语的标句词"的"及相关的句法问题，《语言教学与研究》第 2 期。

司富珍（2004），中心语理论和汉语的 DeP，《当代语言学》第 1 期。

司富珍（2006），中心语理论和"布龙菲尔德难题"，《当代语言学》第 1 期。

司富珍（2009），从汉语的功能中心语"的"看 CP 和 DP 的平行性，《语言学论丛》（第三十九辑），北京：商务印书馆。

宋玉柱（1981），关于时间助词"的"和"来着"，《中国语文》第 4 期。

孙德金（1999），现代汉语"V+DW+的+O"格式的句法语义研究，陆俭明主编《面临新世纪挑战的现代汉语语法研究》，济南：山东教育出版社。

唐正大（2005），汉语关系从句的类型学研究，中国社会科学院研究生院语言学系博士学位论文。

唐正大（2006），汉语关系从句的限制性与非限制性解释的规则，《语法研究和探索》（十三），北京：商务印书馆。

完权（2010），语篇中的"参照体—目标"构式，《语言教学与研究》第 6 期。

完权（2012a）超越区别与描写之争："的"的认知入场作用，《世界汉语教学》第 2 期。

完权（2012b），指示词定语漂移的篇章认知因素，《当代语言学》第 4 期。

完权（2014），从"复合词连续统"看"的"的隐现，《语法研究和探索》（十七），北京：商务印书馆。

完权（2015），作为后置介词的"的"，《当代语言学》第 1 期。

完权（2017），"领格表受事"的认知动因，《中国语文》第 3 期。

王冬梅（2002），"N 的 V"结构中 V 的性质，《语言教学与研究》第 4 期。

王冬梅（2009），现代汉语结构助词"的"的语法功能，中国社会科学院语言研究所五四青年学术演讲。

王冬梅（2010），"N 的 V"构式与谓语动词的选择，《海外华文教育》第 2 期。

王光全（2003），过去完成体标记"的"在对话语体中的使用条件，《语言研究》第 4 期。

王海峰（2004），现代汉语中无标记转指的认知阐释，《语言教学与研究》第 1 期。

王红生（2016），空范畴及汉语"的"的同一性，《西南科技大学学报》（哲学社会科学版）第 2 期。

王力（1943），《中国现代语法》，北京：商务印书馆。

王力（1953），词和仂语的界限问题，《中国语文》9 月号。

王远杰（2008a），《定语标记"的"的隐现研究》，首都师范大学博士学位论文。

王远杰（2008b），再探多项定语"的"的隐现，《中国语文》第 3 期。

王远杰（2013），句法组合松紧和"的"的隐现，《汉语学习》第 4 期。

吴长安（2006），关于"VP 的₃"的第三种类型，《语法研究和探索》（十三），北京：商务印书馆。

吴刚（2000），汉语"的字词组"的句法研究，《现代外语》第 1 期。

吴怀成（2008），"准定语+N+V 得 R"句式的产生机制，《语言科学》第 2 期。

吴怀成、沈家煊（2017），古汉语"者"：自指和转指如何统一，《中国语文》第 3 期。

伍雅清、杨彤（2015），在分布式形态学框架下的名物化现象再思考，《语言科学》第 5 期。

肖国政（1986），隐蔽性施事定语，《语文研究》第 4 期。

项梦冰（1991），论"这本书的出版"中"出版"的词性，《天津师大学报》第 4 期。

项梦冰（1994），自指和转指，余志鸿主编《现代语言学》，北京：语文出版社。

邢公畹（1997），一种似乎要流行开来的可疑句式——动宾式动词+宾语，《语文建设》第 4 期。

邢晓宇（2015），《认知入景视角下现代汉语名词的修饰语研究》，西南大学外国语学院博士学位论文。

熊仲儒（2005），以"的"为核心的 DP 结构，《当代语言学》第 2 期。

熊仲儒（2015），准领属性主谓谓语句的句法分析，《汉语学习》第 3 期。

熊仲儒（2017），"的"的核心地位及其句法后果，邓思颖主编《汉语"的"的研究》，北京：北京大学出版社。

徐阳春（2006），《虚词"的"及其相关问题研究》，北京：文化艺术出版社，中国社会科学出版社。

徐阳春（2008），也谈人称代词做定语时"的"字的隐现，《中国语文》第1期。

徐阳春（2011），板块、凸显与"的"字的隐现，《语言教学与研究》第6期。

徐阳春、钱书新（2005），试论"的"字语用功能的同一性——"的"字逆向凸显的作用，《世界汉语教学》第3期。

姚振武（1994），关于自指和转指，《古汉语研究》第3期。

杨炎华（2014），"他的老师当得好"的重新审视，《当代语言学》第4期。

袁毓林（1994），一价名词的认知研究，《中国语文》第4期。

袁毓林（1995），谓词隐含及其句法后果——"的"字结构的称代规则和"的"的语法、语义功能，《中国语文》第4期。

袁毓林（1999），定语顺序的认知解释及其理论蕴涵，《中国社会科学》第2期。

袁毓林（2003a），从焦点理论看句尾"的"的句法语义功能，《中国语文》第1期。

袁毓林（2003b），句子的焦点结构及其对语义解释的影响，《当代语言学》第4期。

袁毓林（2010），汉语不能承受的翻译之轻，《语言学论丛》（第41辑），北京：商务印书馆。

詹卫东（1998a），"NP"的"VP"偏正结构在组句谋篇中的特点，《语文研究》第1期。

詹卫东（1998b），关于"NP+的+VP"偏正结构，《汉语学习》第 2 期。

张伯江（1993），"N 的 V"结构的构成，《中国语文》第 4 期。

张伯江（1999），现代汉语的双及物结构式，《中国语文》第 3 期。

张伯江（2010），汉语限定成分的语用属性，《中国语文》第 3 期。

张伯江（2013a），《什么是句法学》，上海：上海外语教育出版社。

张伯江（2013b），汉语话题结构的根本性，《"木村英树教授还历纪念"中国语文法论丛》，东京：白帝社。又载于张伯江主编《现代汉语语法的功能、语用、认知研究（二）》，北京：商务印书馆，2016 年版。

张伯江（2014），汉语句法结构的观察角度，《语法研究和探案》（十七），北京：商务印书馆。

张斌（2013），《现代汉语附缀研究》，上海师范大学博士学位论文。

张国宪（1994），"的"字的句法语义和语用分析，《淮北煤师院学报》（社会科学版）第 1 期。

张华（2010），符号入场问题及其哲学意义，《哲学动态》第 1 期。

张敏（1996），认知模型与汉语句法的临摹性质：由定中之间的"的"说起，载于 *Advances in New Technology: Proceedings of the International Conference on Chinese Computing' 96*，ISS，NUS，Singapore.

张敏（1998），《认知语言学与汉语名词短语》，北京：中国社会科学出版社。

张谊生（2011），从标记词"的"的隐现与位置看汉语前加词的性质，《汉语学习》第 4 期。

张谊生（2012），现代汉语副词状语的标记选择，《汉语学报》第 4 期。

张志公（1991），《张志公文集》（1），广州：广东教育出版社。

赵元任（1926），《北平、苏州、常州语助词的研究》，《清华学报》第三卷第二期。

周国光（2005），对《中心语理论和汉语的 DeP》一文的质疑，《当代语言学》第 2 期。

周国光（2006），括号悖论和"的 X"的语感，《当代语言学》第 1 期。

周韧（2012），"N 的 V"结构就是"N 的 N"结构，《中国语文》第 5 期。

周韧（2014），汉语语法中四音节和双音节的对立，中国社会科学院语言研究所语言学沙龙第 308 次，3 月 20 日。

朱德熙（1951［1999］），《作文指导》，《朱德熙文集》第 4 卷。

朱德熙（1956），现代汉语形容词研究，《语言研究》第 1 期。

朱德熙（1961a），关于动词形容词名物化的问题，《北京大学学报》（人文科学版）第 4 期。

朱德熙（1961b），说"的"，《中国语文》12 月号。

朱德熙（1978），"的"字结构和判断句，《中国语文》第 1、2 期。

朱德熙（1982），《语法讲义》，北京：商务印书馆。

朱德熙（1984），关于向心结构的定义，《中国语文》第

6 期。

朱德熙（1993），从方言和历史看状态形容词的名词化，《方言》第 2 期。

朱庆祥（2017），也论"应该 ø 的"句式违实性及其相关问题，手稿。

Abney, Steven（1987）, *The English Noun Phrase in its Sentential Aspect*, Ph. D. diss., Massachusetts Institute of Technology, Cambridge.

Chao, Yuen Ren（赵元任）（1968）, *A Grammar of Spoken Chinese*. Berkeley：University of California Press.

Chen, Ping（陈 平）（1996）, Pragmatic interpretations of structural topics and relativization in Chinese. *Journal of Pragmatics* 26(3)：389–406.（徐赳赳译，汉语中结构话题的语用解释和关系化，《国外语言学》1996 年第 4 期）

Cheng, Lisa（郑礼珊）& Rint Sybesma（1998）, *Yi-wan tang, yi-ge tang*：Classifiers and Massifiers. *Tsing Hua Journal of Chinese Studies* 28：385–412.

Cheng, Lisa（郑礼珊）& Rint Sybesma（1999）, Bare and not-so-bare nouns and the structure of NP. *Linguistic Inquiry* 30（4）：509–542.

Cheng, Lisa（郑礼珊）& Rint Sybesma（2009）, *De* as an Underspecified Classifier：First explorations. *Yuyanxue Luncong* ［Essays on Linguistics］（《语言学论丛》）39：123–156. Beijing：Commercial Press.

Chappell, Hilary & Sandra A. Thompson（1992）, The semantics and pragmatics of associative DE in Mandarin discourse. *Cahiers de Linguistique – Asie Orientale* 21(2)：199–229.

Huang, C. -T. James（黄正德）（1982），Logical Relations in Chinese and the Theory of Grammar, Ph. D. diss., MIT.

Huang, C. -T. James（黄正德）（1982），Verb Movement and Some Syntax-semantics Mismatches in Chinese.《中国境内语言暨语言学》第 2 期：587—613。

Huang, C. -T. James（黄正德），Y-H. Audrey Li（李艳惠），& Yafei Li（李亚非）（2008），*The Syntax of Chinese*. Cambridge：Cambridge University Press.

Huang, Shi-Zhe（黄师哲）（2006），Property theory, adjective, and modification in Chinese. *Journal of East Asian Linguistics* 15(4)：343 – 369.

Huddleston, Rodney & Geoffrey Pullum（2002），*The Cambridge Grammar of the English Language*. Cambridge：Cambridge University Press.

Johnson, Mark（1987），*The Body in the Mind: The bodily basis of meaning, imagination, and reason*. Chicago & London：The University of Chicago Press.

Lakoff, George（1987），*Women, Fire, and Dangerous Things: What categories reveal about the mind*. Chicago & London：The University of Chicago Press.

Langacker, Ronald（1993），Reference-Point Construction. *Cognitive Linguistics* 4(1)：1 – 38.

Langacker, Ronald（2008），*Cognitive Grammar: A basic introduction*. New York：Oxford University Press.

Larson, Richard（2009），Chinese as a Reverse Ezafe Language. *Yuyanxue Luncong*［Essays on Linguistics］（《语言学论丛》）39：123 – 156. Beijing：Commercial Press.

Littlefield, Heather ( 2006 ), Syntax and Acquisition in the Prepositional Domain: Evidence from English for fine-grained syntactic categories. Ph. D. diss., Boston University.

Ning, Chun Yan (宁春岩) (1993), *The Overt Syntax of Relativization and Topicalization in Chinese*. Ph. D. diss. University of California, Irvine.

Ning, Chun Yan (宁春岩) (1995), *De* as a functional head in Chinese. Paper presented at the annual forum of the Linguistic Society of Hong Kong, Hong Kong.

Quirk, Randolph *et al.* (1985), *A Comprehensive Grammar of the English Language*. New York: Longman.

Simpson, Andrew ( 2001 ), Definiteness Agreement and the Chinese DP. *Language and Linguistics* 2(1): 125 – 156.

Simpson, Andrew ( 2002 ), On the Status of 'Modifying' DE and the Structure of the Chinese DP. In Sze-Wing Tang (邓思颖) and Chen-Sheng Liu (刘辰生) (eds.). *On the formal way to Chinese languages*, 260 – 285. Stanford: CSLI.

Sperber, Dan & Deirdre Wilson ( 1995 ), *Relevance: Communication and cognition*. 2$^{nd}$ edition. Oxford: Blackwell.《关联: 交际与认知》, 蒋严译, 北京: 中国社会科学出版社。

Sun, Chaofen ( 2016 ), Sense, Reference, and Collocation of the Chinese Nominal Continuum: The Use, or Non-use, of 的, *New Horizons in the Study of Chinese: Dialectology, Grammar, and Philology*. T. T. Ng Chinese Language Research Centre, Institute of Chinese Studies, The Chinese University of Hong Kong.

Taylor, John ( 1994 ), "Subjective" and "objective" readings of possessor nominals. Cognitive Linguistics (5) 3: 201 – 242.

Tang, C. -C. J. (汤志真) (1983), *On the Deletion of de in Chinese: Studies in Possessive and Modifying Phrasese*, ms., National Taiwan Normal University, Taipei.

Tang, C. -C. J. (汤志真) (1990), *Chinese Phrase Structure and the Extended X-bar Theory*, Ph. D. diss., Cornell University.

Talmy, Givón (1984), *Syntax: A Functional-typological Introduction*, Vol. I & II, Amsterdam: John Benjamins.

Tomasello, Michael (2008), *Origins of Human Communication*. Cambridge: MIT Press.